학교앞 전도 거룩한 예배

교회학교 다시 부흥한다 시리즈 1

학교앞 전도 거룩한 예배

초판	1쇄 2017. 07. 21
펴낸이	박연훈
펴낸곳	키즈처치리바이벌
전화	02-899-5291
주소	경기도 용인시 수지구 동천동 177-28
홈페이지	www.cgi.co.kr
디자인·인쇄	윌커뮤니케이션즈 02-2277-7690
등록번호	제 22-1720 호
총판	비전북 031-907-3927

값 18,000원
ISBN 978-89-921-95-07-2

학교앞 전도
거룩한 예배

광주, 새희망교회 전도팀, 순천주성교회 전도팀,
남서울비전교회 전도팀원들께 감사드리며
무너져가는 한국 교회학교를 살리시는
성부성자성령 하나님께 이 책을 바칩니다.

교회학교 부흥
학교 앞 전도와 거룩한 예배로~

모두들 교회학교가 안된다고 한다. 그런데 정말 안될까?
2015년 4월 5일 하나님께서 부족한 종을 광주로 급파 하셨다.
그야말로 전격적인 강권적인 명령이셨다.
감리교 목사인 나를 통합측 교회로...
그리고 그곳에서 무학년제 개편 후 거룩한 예배로
"엄마, 교회가 자꾸 자꾸 가고 싶어"
"아빠, 목사님의 설교를 들으면 가슴이 뛰에!"
아이들이 행복해 하였다.

그리고 뜻하지도 않았던 〈학교 앞 전도〉를 시작하였다.
부흥을 기도하다가 눈을 떠 보니 학교 앞에 서 있었다.
4개월이 지나는 동안 많게는 하루에 350여명을
새희망교회 교사들과 함께 매일 전도하였다.
하나님께서 251명을 보내 주셨다.
하지만 이것은 시작에 불과 하였다.

지금도 부흥이 일어나고 있다. 몰라서 못하는 것이다.
되고 있는 부흥 현장을 알리고 싶다. 이것이 이 책의 집필 동기이다.

순천 왕지 초등학교 후문

교회학교가 추락한 5가지 원인

어쩌다 이 지경까지 도달하게 되었는가? 문을 닫은 교회학교가 68% 라니...그 원인이나 분명히 진단하고 이렇게 되었으면 속상하지도 않을텐데 어~ 하다 아무런 대안도 내어 놓지 못한 채 이렇게 되었다. 지금이라도 대책을 세워야 하지 않겠는가? 그렇다면 도대체 우리는 그동안 어떻게 교회학교 아동부(이 책에서는 교회학교 부흥의 근간이 되는 초등학생 1~6학년 아동부를 기준으로 함)가 몰락하고 있는 원인이 무엇인가?

1. 신앙을 똑바로 키우지 못한 결과

6년 교회를 다녀도 기도 하지 못하는 어린이, 구원의 확인이 없는 아이, 성령 세례를 받지 못한 어린이들로 가득한 교회학교. 이것은 마치 영어 학원을 6년을 열심히 다녀도 "Hello!" 만 외치고 자기 이름 조차도 영어로 표현하지 못하는 상태와 같은 것이다.

〈거룩한 예배〉, 하나님의 임재를 어린이 스스로 느끼는 교회학교를 구축해야
한다. 인구감소가 그 원인이 절대 아니라는 것이다.

내가 복음을 부끄러워하지 아니하노니 이 복음은 모든 믿는 자에게 구원을 주시는 하나님의 능
력이 됨이라 먼저는 유대인에게요 그리고 헬라인에게로다 복음에는 하나님의 의가 나타나서 믿음
으로 믿음에 이르게 하나니 기록된 바 오직 의인은 믿음으로 말미암아 살리라 함과 같으니라
(로마서 1:16~17)

2016년 여름 경주 어캠에서 기도가 터지는 아이들

2. 전도하지 않은 결과

3월 입학 시즌 때 초등학교 정문 앞에 나가보라. 태권도 사범, 바둑교실 원장, 속셈 학원 샘, 피아노 학원 샘 그리고 학습지 홍보직원들로 장사진을 이루고 있다. 그런데 교회 오라고 전도하는 분들은 찾아보기 쉽지 않다. 나가면 있고 안나가면 없는 것이다. 이제라도 〈전략적인 학교 앞 전도〉를 시작하면 교회 교회마다 부흥이 일어날 수 밖에 없다. 예수님의 지상 최대 명령이 바로 전도이다. 마땅히 순종해야 한다.

예수께서 나아와 말씀하여 이르시되 하늘과 땅의 모든 권세를 내게 주셨으니 그러므로 너희는 가서 모든 민족을 제자로 삼아 아버지와 아들과 성령의 이름으로 세례를 베풀고 내가 너희에게 분부한 모든 것을 가르쳐 지키게 하라 볼지어다 내가 세상 끝날까지 너희와 항상 함께 있으리라 하시니라. (마태복음 28:18~20)

남서울비전교회 전도팀과

3. 교사의 사명감 결여의 결과

교사, 의무감 혹은 단순 봉사로는 안된다. 1970년대 한국 교회학교가 부흥하는 그 중심에는 〈사명감으로 물불을 가리지 않는 교사〉가 있었다. 그들은 밤을 지새며 철야기도를 하였고 여름성경학교를 준비할 때면 일주일 씩 교회에 머물며 환경꾸미기를 하였고 악보 괘도를 그렸다. 직장 다니는 교사가 많아서 안되는 것일까? 삶이 바빠서 그럴까? 돈 걱정이 태산같아서 그럴까? 그 어떤 변명도 〈사명감 결여〉를 대신 할 수 없다. 출석 한번 부르는 것으로 교회학교가 된다면 정말 착각이다. 생명을 다루는데...영혼을 다루는데 어찌 예수님의 심장없이 이 일이 가능하겠는가? 철저히 헌신한 교사가 바로 여러분이어야 한다. 바로 이것은 담임목사님의 역할이 있어야 한다.

나는 선한 싸움을 싸우고 나의 달려갈 길을 마치고 믿음을 지켰으니 이제 후로는 나를 위하여 의의 면류관이 예비되었으므로 주 곧 의로우신 재판장이 그 날에 내게 주실 것이며 내게만 아니라 주의 나타나심을 사모하는 모든 자에게도니라 (디모데후서 4:7∼8)

경주 어캠 교사반에서에서 기도하는 교사들

4. 성령 시대, 성령 하나님을 교육하지 않은 결과

이르되 너희가 믿을 때에 성령을 받았느냐 이르되 아니라 우리는 성령이 계심도 듣지 못하였노라
(사도행전 19:2)

교회학교를 6년 다녀도 성령에 대하여 알지 못한다. 성령은 곧 방언, 환상을 뜻하진 않는다. 성령의 임재가 경험되는 찬양, 성령을 느끼는 예배, 성령이 역사 되는 반목회가 진정한 교회학교인 것이다.

어캠에서 기도가 터지는 8세 아이

5. 어디서 굴러 들어 온 지도 모른 채 100여년을 구축해 온 〈학년제〉의 결과

유년부, 초등부, 소년부...이 시스템이 어디서 도대체 굴러 들어 온 것인가? 학교를 흉내내려고 자연스레 유입된 것인가? 하지만 교회의 기능과 학교의 기능은 다르다. 학교 시스템은 성경에 없다. 교회 속의 교회가 성경적 시스템이다. 어린이교회, 청소년교회, 영아유아교회로 시스템의 대 개혁이 일어나야 한다. 더 이상 곤두박질 치기 전에 말이다. 즉, 〈학년제〉를 버리고 〈무학년제〉로 가야 부흥이 시작되고 교회가 교회되는 것이다.

즉시로 각 회당에서 예수가 하나님의 아들이심을 전파하니 듣는 사람이 다 놀라 말하되 이 사람이 예루살렘에서 이 이름을 부르는 사람을 멸하려던 자가 아니냐 여기 온 것도 그들을 결박하여 대제사장들에게 끌어 가고자 함이 아니냐 하더라 사울은 힘을 더 얻어 예수를 그리스도라 증언하여 다메섹에 사는 유대인들을 당혹하게 하니라 (사도행전 9:20~22)

부흥하는 길이 있는데 모르고 못하는 것도 죄이다.
교회학교 대 부흥의 위대한 역사를 우리 모두 하나님께 기도하며 실행하여 하나님께서 원하시는 교회 속의 교회를 세우자.

반월중앙교회 어린히 부흥회에서 기도하며 눈물을 훔치는 아이

어린이가 없는 미래는 암울하다. 담임목사님들, 장로님들 정말 직시하셔야 한다. 교회학교의 대 부흥에 이제 생명을 걸어야 한다.

성령 하나님! 아버지께서 원하시는 거룩한 예배를 통하여 교회 교회마다 교회학교가 제대로 부흥하는 날을 주소서!

2017 여름캠프를 앞두고
키즈처치리바이벌 대표
박 연 훈 목사

010-2281-8000

praise7070@daum.net

차 례

Part 02

거룩한 예배

Part 03

부흥하는
교회학교 따라하기

Part 01

전략이 있는 학교 앞 전도

전략이 있는 〈학교 앞 전도〉
나가면 있고
안 나가면 없다!

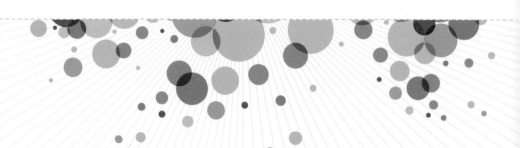

1. 나의
첫 〈학교 앞 전도〉
이야기

2015년 9월 1일부터 내 평생 처음으로 시작한 〈학교 앞 전도〉가 올해로 3년째이다. 하루에 많게는 700여명, 아무리 적어도 100여명의 어린이들을 학교 앞에서 만났다. 비가 오나 눈이 오나 바람이 부나… 그 결과, 전남광주, 새희망교회(허태호 목사/통합)에서 251명 (2015.9.1.~12.6), 순천주성교회(담임 문영찬 목사/통합) 273명 (2016.1.1.~12.24), 수지, 남서울비전교회(최요한목사/합동) 78명 (2017.1.1.~7.2) 이상 3년 동안 600여명이 결실 된 것이다.

2016-119	고은주	신대중흥	010-5019-****	국민정성숙예배연습	111	정순옥
2016-130	옥진아	정솔	010-7378-****	스스로	103	정경혜
2016-121	김명숙	대광	010-8916-****	스스로	206	김성희
2016-122	김종숙	대주아파트	010-9122-****	스스로	203	서다원
2016-123	문송운	대주아파트	010-922-****	스스로	203	서근례
2016-124	황널하	금당우미	010-2818-****	권연희 양마업	201	권연희

♣ 아동부 전도통계

등록번호	성 명	주 소	전 화	인도 및전도	학교	교회반
2016-269	박태은	롯데캐슬		김성회	왕운초	115
2016-270	권소현	신대3차		자영서	애안초	210
2016-271	김현서	중흥6차		김시영	좌야초	318
2016-272	박주상	중흥6차		김시영	좌야초	318
2016-273	김민우	푸르넷		김경자 주현서	별량초	213

순천주성교회
12월 마지막 주 주보 뒷면
2016년 등록번호 273
전도통계가 보인다.

복장을 갖추고 전도하는
순천주성교회 김성희 교사

모두들 교회학교가 안된다고 난리 난리 인데 지금도 부흥은 일어나고 있다. 나가지 않아서 그렇다. 나가면 있고 안나가면 없는 것이다. 또 몰라서 안하고 두려워서 안하고 힘들어서 안하는 것이다. 그러면서 교회학교가 안된다고 말을 한다. 해 보지도 않고 애써 보지도 않고 전도가 안된다고 푸념을 하는 것이다.

절대 그렇지 않다. 이 책은 그 부분을 반증한다. 어느 교회든 나가면 부흥한다. 학교 앞에 서 있기만 해도 아동부가 부흥한다. 중등부도 고등부도 그 어떤 부서도 마찬가지로 부흥한다.

이제 핑계대지 말고 무조건 나가야 한다. 전략을 가지고 말이다. 하다못해 치킨집을 개업하고 처음 하는 일도 홍보이다. 그들도 그들 나름대로 노하우를 가지고 마케팅을 전개한다. 〈학교 앞 전도〉는 홍보 그 이상이다. 성숙한 믿음의 사람은 예수님의 지상 최대 명령을 순종하고 또 순종한다.

등교길 전도하는 남서울비전교회
키즈처치 이승명강도사

지금 당장 학교 앞에 나가야 한다. 전략을 가지고 말이다. 지난 3년 간의 경험을
이제 이 지면에 쏟아 보고자 한다.

학교 앞에 처음 전도하러 가 보니 순천이나 광주에선 학교 앞에 이미 진을 치고
있는 이들이 학교 정문 앞에 가득하였다. 바둑교실 아저씨, 학습지 홍보차 나온
직원, 태권도 사범, 수학학원 교사, 영어 학원교사 등등등.

그런데 교회는 없었다. 너무 슬펐다. 이러면서 교회가 부흥이 안된다고 함부로 말
하다니 맘이 아팠다. 인구감소니 문화의 변화니 요즘엔 학부모가 보내지 않는다
니 허튼소리만 쏟아낸다.

이제 나의 전도 이야기를 시작하여 한다. 성령님께 붙들려 3년을 산 그 숱한 날을
꺼내 놓겠다. 가슴이 떨린다.

새희망교회 전경...우측이 꿈자람비전 센타
(3층 체육관, 2층 아동부, 1층 중·고등부로 구성되어 있다)

2015년 4월 5일에 부임한 광주 새희망교회(통합) 아동부 전담목사로 부임 5개월째 오직 아동부 부흥을 위해 기도하면서 처음 한 일은 학년제를 폐지하고 무학년제를 세팅하는 일이었다. 현재 부흥하는 교회학교가 대부분 〈무학년제 시스템〉을 구축하고 있었기 때문이다. 그리고 7월 12일 9시 예배에 3개 부, 11시 예배에 6개부로 재편성 하고 〈거룩한 예배〉에 집중하였다.

그 결과 어린이들이 예배에 행복해 하고 학부모들로 하여금 입소문이 퍼졌다. "아이들이 교회 가기를 즐거워한다고...아이들이 예배드리는데 울었다고..." ...

아이들이 주일 아침 예배에서 은혜를 받고 변화가 나타 났지만 정작 아동부에 흡족할만한 부흥이 일어나지 않았다. 이를 안타까워 하면서 나는 하나님께 묻고 싶었다. 그래서 40일 심야 찬양기도회(매일 24:00~01시 까지 20여곡의 찬양을 부르며 심야기도)를 마치고 "나가서 나를 증거하라!" 는 하나님의 명령을 받고 9월 1일부터 난생처음 〈학교 앞 전도〉를 시작하였다.

교회에서 가장 가까운 정암초등학교 앞에서 하교길 전도를 하였다. 그런데 이게 웬 일인가 아이들이 줄을 선다. 줄을... 친절하게 인사를 주고 받는다. 이 때에는 명찰, 피켓, 전도 간식 등등을 준비하지도 않았다. 만화전도지 하나 달랑 들고 나가서 나누어 주었다.

처음 나간
정암초 후문
놀이터에서

역시 어린이전도는 쉽다. 잘 된다. 아이들은 역시 순수하고 때가 묻지 않았다. 이제 자신감을 얻고 본격적으로 새희망교회를 깃점으로 3KM근방에 있는 학교를 조사하였고 교장실에 가 교장선생님을 만나 학생 수와 교육 이념 그 초등학교의 분위기 등등을 면밀히 살폈다. 그리고 아래 전도 계획표를 짰다.

새희망교회에서의 전도 스케쥴

월요일 13:50～	화요일 13:50～	수요일 13:50～	목요일 13:50～	금요일 16:30～
• 월계초등학교 • 김순희부장과 박선희집사의 헌신	• 정암초등학교 • 놀이터.....게임을 통한 아이들과 친해지기	• 미산초등학교 • bbq 콜핑 전도	• 첨단초등학교 • 학교 안 정자에서 유희왕카드 놀이하는 아이들과 친해지기	• 비아초등학교 • 땅따먹기 게임으로 여자 남자 아이들과 친해지기

매 주 모이니까 이젠 애들이 나를 기다린다. 이번 주는 집사님 두 분과 함께 나갔더니 효과가 더 크다. 이미 이런 저런 정보를 다 알고 있으니까...

나의 전도 방법은 우선, 〈아이들과 친해지기〉이다. 나중에 〈안면트기〉라 명명하였다. 가장 성과가 좋은 정암초등학교 전도 방법을 공개한다. 전도 후 2차 접촉점을 찾아 매우 효과적인 전도를 하였기 때문이다.

이미 새희망교회에 나오는 어린이들과 놀이터에서 게임을 한다. 1등, 2등, 3등... 학년별로 선정하고 그 들에게 분식점 메뉴 선택권을 준다. 지난 주는 그네에서 멀리 뛰기(9월 1일) 이번 주는 뛰어서 멀리뛰기(9월 8일) 다음 주는 제자리에서 멀리뛰기(9월 15일)....벌써 애들이 연습에 들어갔단다. 그 다음 주는 보물찾기(9월 22일) 이다. ㅎㅎ

약 15'~20' 정도의 시간에 게임이 마치면 곧 바로 가까운 분식점에 이동하여 완전 가게를 전세내듯 꽉 채웠다. 그리고 어린이들에게 약속한 라면, 탕수육, 우동 등등을 시켜 먹는다.

함께 온 아이들은 떡뽁이로 앞 접시에 나누어 먹고 1, 2, 3등 등수에 든 아이들은 먹고 싶은 걸 주문한다. 그리고 그 자리에서 글없는 책을 설명해 주고 복음을 나눈다. 또한 새희망교회 교회학교 예배시간과 오는 방법을 확인해 주었다.

이렇게 열심히 뛰었다. 교회, 집, 학교 또 교회, 집 학교 이렇게 4개월을 죽어라 전도만 하였다. 한 주에 10만여원의 예산이 전도에 투입 되었다. 내 사례비로 그냥 썼다. 교회에 청구하지 않고 전도만 된다면 그깟 분식집 음악값 계산이 무슨 문제가 되겠는가.

이렇게 미친 듯이 전도를 하면서 저절로 이런 저런 정리가 되었다. 많이 하다보니 시행착오를 겪으며 〈학교 앞 전도〉에 전략이 생긴 것이다.

〈학교 앞 전도〉, 〈등교 길 전도〉는 전략적인 접근이 필요하다. 어린이 전도 방식과 어른 전도와는 완연히 다르다. 전도지를 나누어 줄 때도 지하철 앞에서 전단을 나누어 주는 것과 차원이 다르다. 전단지는 품삯을 받기 위해 의무감에 나누지만 전도지는 성령님이 함께 하시고 복음의 역사가 나타난다. 전하는 것으로 나의 책임은 다 하는 것이다. 거두시는 분은 하나님이시다. 그 자신감과 권위를 성령님께서 전도자에게 부어 주신다. 이 믿음으로 나의 〈학교 앞 전도〉는 더욱 더 딴딴해 지고 생활화 된 것이다.

2. 〈학교 앞 전도〉 사례

사례 1) 비아초등학교 전도 후 땅따먹기로

나비 넥타이를 하고〈하교 길 전도〉 중 〈비아 초등학교〉

• 전도 일시 : 2015년 9월 11일

• 전도 장소 : 비아초등학교

• 전도 후 접촉점 : 땅따먹기 게임

오늘은 비아초등학교에 처음으로 아이들과 친해지기 위해 1시 40분에 나갔다. 정문에 벌써 아이들이 하교하고 있었고 아이들이 미끄럼틀과 철봉에서 많이 놀고 있다.

혹 나를 알아채는 새희망교회 아동부 아이를 둘러보고 눈이 마주치는 아이와 손을 들고 친한 척 해봤지만 다른 곳으로 뛰어간다. 아이들이라 쑥스러운 모양이다.

마침, 저쪽... 철봉 아래 맨 땅에 여자애들이 꽤 여럿이 모여 무슨 게임을 하고 있다. 옳지! 오늘 비아초등학교는 저곳을 전도기점으로 삼아야겠다고 마음을 먹고 아이들에게 다가갔다.

"야~이 게임이 재밌어 보이는데 누가 잘하냐?" 애들이 경계심을 가지고 바라본다.

"아, 나는 저기 새희망교회 어린이 목사님이야" (목에 건 명찰을 들어 보였다)
나는 말하였다.

애들이 이내 좋아한다. 땅 바닥에 이름을 적고 한명씩 "땅따먹기 게임"을 하였다. 여자애들이 즐겨하는 게임이라 나는 게임 규칙을 잘 몰랐다. 내 차례가 와서 한번 해 보니까 룰이 이해가 된다. 물론 내가 일등하였다. 이 놈의 운동신경을...한

참 하고 있는데 판을 깨는 존재가 나타났다. 학교 보안관이란 분..

"누구신데 여기에 계셔요?"

"아 나는 저기 태호 골프연습장 앞에 위치한 새희망교회 아동부 전담목사입니다. 애들과 게임하고 있는데요???"

"아, 안됩니다. 외부인은 4시 30분 이후에 맘대로 들어 올 수 있고요. 지금은 나가셔야 합니다."

헐~

"네, 잘 알았고요. 지금 게임 중이니까...애들아 이 게임이 몇 분 쯤 걸리지?"
"네..15분 정도요."

"네, 요 게임만 마치고 나가겠습니다."

"아네..." 저 쪽 경비실로 들어간다.

나는 약속대로 게임을 마치고 이따가 보자고 약속을 하고 운동장을 빠져 나왔다. 교회로 왔다가 아리들과 약속한 4시 30분에 다시 비아초등학교로 갔다. 그렇게 게임을 하면서 비아초등학교의 전도 거점으로 만들었다. 아이들과 재미있게 사귀고...태희라는 여자아이를 4학년 아이들 동원책으로 지정했다. 물론 태희는 지금도 톡으로 가끔 내 안부를 묻는 아이가 되었다.

게임에 참여한 아이들을 데리고 S마트 라는 곳으로 갔다. 게임을 구경하던 아이들까지 모두 데리고(약, 9명 정도) 게임에 참석한 애들과 구분없이 막대 아이스크림(누가바 등등), 쭈쭈바 등을 계산하였다. 그래야 약 4,000원... 다음 주에 다시 4시 30분에 이 자리에서 만나기로 하고 비아 초등학교를 떠나왔다. 보람이 있다. 아 역시 어린이 전도는 재미있다. 행복하다.

사례 2) 정암초등학교 전도 후 멀리뛰기를 놀이터에서

오늘은 정암초등학교에서 놀이터 전도하는 날이다. 김달희...(4학년) 맨 우측, 성당을 다닌덴다....그러나...이번 주 부터 새희망 아동부 나오기로... 주님의 은혜)...쫓아다니면서 자기 이름이 뭐냐고 제 이름을 나에게 입력 시킨다.

나희가 전도한 정윤이와 함께 전도에 나선 송선영집사님...그리고 달희...

본격적으로 놀이터에서...제자리 멀리 뛰기 시합 개최...3학년 10명...4학년 5명...여자 어린이 7명...대단한 호응이다....그냥 놀아 주기만 해도....아이들은 좋아한다.

- 전도 일시 : 2015. 9. 11.

- 장소 : 정암초등학교 후문 놀이터

- 접촉점 : 제자리 멀리뛰기

- 전도자 : 송선영 집사, 박연훈 목사

번호표 처럼 자연스럽게 전해 준 전도지...
1번 2번 제자리 멀리 뛰기 번호를 정해 주며 자연스레 복음도 전한다. (볼펜을 꼭 가지고 간다)

아이들의 정겨움이란...동훈이의 익살...　　　동훈이의 방해...정윤과 달희를 한껏 찍으려 했더니...

• 오늘의 전도 스케쥴.

1:30 놀이터 도착.

1:50 아이들이 몰려오기 시작함.

2:00 게임시작.

(이 때 모여 온 어린이들에게 전도지를 나눠줌. 참가 번호 기록하여...일석이조...)

• 게임규정 설명

1. 도약시 선을 밟으면 탈락.

2. 먼저 5명을 뽑고 결승으로

3. 시상 내역 : 1등은 문화상품권. 2, 3등은 분식점에서 메뉴 선택권을 준다.

4. 게임에 참가하는 모든 어린이는 등수와 상관없이 분식집으로 간다.

2:20 게임 완료

2:30 분식집 도착

다시 한번 전도지 나눠 주고 이번 주에 공연 있음을 알리고 꼭 교회에 오기로 약속을 받고 식사 함. 식사 나누고 귀가.

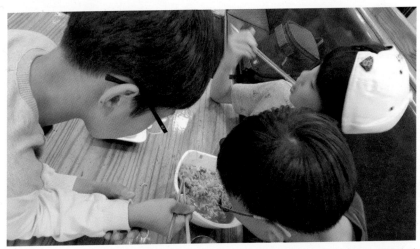

지난 주에 라면 하나씩 시켰더니 절반은 남겼다. 그래서 오늘은 두명에 하나씩 시켰더니 셋이서 달려들어 이리 맛나게 먹는다.

사례 3) 미산초등학교 전도 후 PK 게임

아이스크림이 아이들에겐 최고...축구 게임하기 전에 만난 새희망교회 아동부 어린이와 그가 전도할 친구와 한 컷

아이들과 페널티킥 게임...골키퍼 하러 뒷 걸음질

• 전도일시 : 2016년 9월 16일 오후 1:40~2:50
• 전도장소 : 미산초등학교 운동장과 연못가
• 전도자 : 권은미 쌤, 홍음빈 쌤, 배선화 쌤, 박연훈 이상 4명

전도 접촉점이 이렇게 중요하다. 아이들에게 이렇게 말을 건넸다.

"와...축구 나도 좋아 하는데...나랑 내기할까? 한 사람이 세 개씩 차는거야..물론 나는 너희들 보다 2m 뒤에서 찰게...나는 새희망교회 어린이목사님이야...어때???"

"1등은 콘, 나머지는 쭈쭈바야...게임에 참석하면 모두 사 줄게..."

8명이 모여 들었다...

1. 어린이들에게 번호를 부여하고 역시 전도지를 번호에 적어 준다.
2. 내가 골키퍼를 하고...순서대로 차도록 한다.
3. 결과
1번 아이가 3개를 모두 성공시켰고 나머지 아이들은 1개...내가 모두 막아 버렸다...ㅎㅎ 드디어 내 차례...단숨에 세 골을 다 넣었다...그래서 골기퍼 두 명을 세우고 찼더니 1개 성공...1개 막아내고 1개 옆으로 헛찼다. 애들이 좋아 죽는다... 수퍼로 가서 주루루 따라 오는 애들을 모두 아이스 크림 사 주고 다음 주 2시에 다시 만나기로 하고 헤어졌다....으아~

세 골 다 먹은 골키퍼 어린이 허탈해 한다. ㅋㅋ

얘는 나중에 온 어린이 그래도...먹을 때 끼워주는 센스~ 복음을 위하여

애들이 아이스크림을 받아들곤 좋아한다~ 포즈~...일부러 져 줬는데 ㅋㅋ

오늘 동행한 권은미 쌤,
홍음빈 쌤, 배선화 쌤
(순서대로)

연못가에서 놀고 있던 두 아
이 다가가서... 교회 다니냐 물
었더니 다니다가 안다닌다고
아빠가 반대한다고...그래서
새희망교회 아냐고 했더니 안
덴다. 전도지를 나눠주고...아
빠에게 보여 주라 하며...어린
이전담 목사님을 만났는
데...꼭 교회로 보내달라 하더
라고 아빠께 말하라 했다.그
리고 한 컷...또한 교회는 다녀
도 안다녀도 되는 것이 안라
반드시 다녀야 성공하고 축복
받는다고....주일에 교회에서
만나기로 하였다.

남서울비전교회 키즈처치 새친구환영식

사례 4) 비아초등학교 전도 이야기

채린이와 지난 주 상담을 하였다. 장차 모델이 꿈이라고... 이번 주 금요일 비아초등학교를 가는데 친구들 좀 모아 놓으라고 그리고 약속대로 4시 30분에 비아초등학교로 갔다. 물론 아까 전도지를 나누는 하교 길 전도를 마치고 다시 비아초등학교로 온 것이다. 나 요즘 전도에 완전 미쳤다. 채린이와 이미 새희망교회 아동부에 다니는 녀석 두 명과 함께...와~ 많다. 시이소오에 모두 앉았다.

으아~ 자! 기념 사진~ 포즈~~~~~~6학년이라고 쑥스러워 얼굴을 감싼다....

이미 지난 주에 약속한 태희. 미진, 선영이가 땅따먹기 게임을 준비하고 기다리던 차라 잠시 게임을 하고 파리바게트로 가기로 했다. 선영이의 진지한 땅따먹기 게임 모습...

이번엔 태희 차례...지켜보는 미진과 선영의 표정이 재미있다.

게임을 마치고 6학년 아이들과 숫자가 많아 "가위 바위 보 게임"을 하기로 했다. 주먹...가위...아 비긴 사람 이긴 사람 그대로 서 있고 진 사람은 앉아요.....그렇게 재미있는 "가위 바위 보 게임"을 마치고...분식집을 갈까??? 어디를 갈까???

나는 지난 주에 미리 봐 둔 파리바게트를 제안했다. 아이들이 모두 좋텐다. 레츠 고우~ 가는 동안 뭐 먹을래 했더니 팥빙수란다. 으아 1개에 5500원짜리를 무자비하게 시킨다. 4개를 시켜서 둘러 앉아 맛나게 먹었다. 모자라는듯하여 1만원짜리 카스테라를 사서 나누어 주니 기쁨 100배....

먹을 땐 남자 여자 어린이구분이 없는 듯...

으아...맛있네...6학년은 따로 앉아 먹게 하였다.

다 먹을 즈음에 만화 전도지를 나누어 주고 이번 주 서울에서 유명한 여자 댄스팀이 오니까 9시 11시 두 시간 중 택일하여 꼭 교회에서 만나기로 하고 헤어졌다. 물론 다음 주 금요일은 김밥나라에서 아예 집결하기로 약속을 하고 돈을 쓴 게 얼만데...오늘 전도 대 성공...근데 돈이 최고로 많이 들었다. 그래도 기쁘고 좋다. 이런 돈 맘껏 써도 아깝지 않으니까....할렐루야!

사례 5) 월계초등학교 앞 길거리 전도

- 전도일시 : 2015년 9월 21일 오후 1:40-2:50
- 전도장소 : 월계초등학교 정문 근처 10m
- 전도자 : 김순희부장, 박선희집사, 구경희집사

하교길에서 새희망교회 어린이를 만났다. 한 컷...

요즘 좀 어지러워 안경을 벗었더니 병색이 느껴진다. 몸이 많이 피로하긴 하다. 내일 아침 진료를 받기로 했다. 캠프가 마쳐진지 한달이 지나는데...계속 목소리가 돌아오지 않는다. 소리가 끊겨지기도 하고 큰 소리가 나오질 않는다. 후두에 문제가 생긴듯 하다. 건강해야 하는데...

오늘의 전도는 길거리 전도이다. 신기한 듯 전도지를 받아든 아이...눈빛이 초롱초롱하다.

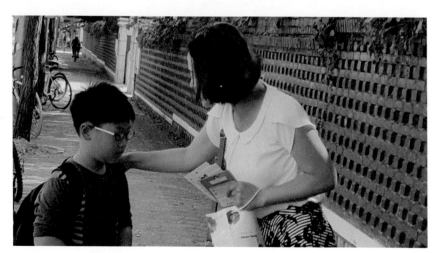

박선희쌤의 집요한 설명에 귀 기울이는 남자 어린이...

김순희부장님의 사랑이 가득한 전도지...뭐가 궁금한지 아이의 눈이 커진다.

사택 아파트 앞집 아이들과

앞집에 사는 아이를 만났다. "아니 너 우리 앞 집에 사는 아이구나!" -명찰을 집어 들고 보여 주었다... "내가 누군지 궁금했지???? 짠~ 그래 목사님이야. 니네 문을 보니 엄마 아빠가 교회 다니던데...거 뭐더라...무슨 교회...?" 반가워 스냅을 찍었다.

사례 6) 비오는 날 〈학교 앞 전도〉 이렇게

비오는 날의 학교 앞 전도

- 전도장소 : 미산초등학교 1:50~2:50
- 전도 특징 : 수요일이라 전교생이 일찍 마친다.
- 전도자 : 곽은미 집사, 배선화 집사, 박연훈 목사

오늘의 포토가 될 만큼 궁금해 하는 아이의 해맑은 표정과 우산, 아이의 티셔츠 칼라가 너무 잘 매치 됨.

비 오는 날의 전도 Tips

1. 우산을 쓰고 오지 않고 등교한 아이를 만나면 집까지 데려다 준다. 아파트로 데려다 주며 친근히 아주 오래 이야기 할 수 있는 특징이 있다.

2. 전도지는 받아들고 부담스러워함으로 비가 와서 한손에 쏙 들어가는 "쏠라씨"를 전달해 주는 센스~

비오는 날의 학교 앞 전도 시 전해주는 비타민

3. 여분의 우산을 준비한다.

태풍 21호 드쥐안 땜시 아침부터 비 바람이...그래도 학교 앞 전도는 계속 된다.

아이들은 태풍에도 학교를 가니까...돌풍이 분다. 우산이 뒤집힐 정도로...

잠시 서 있었더니 여기 저기서 아이들이 나를 알아 보곤... "목사니임~" 인사를 한다. 바로 이 맛에 전도를 한다.

나는 아이들에게 다음과 같은 문장을 쏟아 내었다.

"비오는데 공부하느라 수고했죠? 훌륭한 사람이 될거에요. 잘했어요"

"비 많이 맞았네...감기 들지 않게 집에 도착하자 말자 따뜻한 물 마셔요. 화이팅!"

"와...이번 주 11시에 만날래요 9시에 만날래요?"

금새 30분이 지나간다. 하나님께 영광~ 〈학교 앞 전도〉는 정한 시간 정한 장소
에 지속적으로 서는 것이 중요하다.

이젠 전문가 수준이 된 곽은미 집사 표정이 살아있다

7) 대박 났던
정암초등학교 놀이터
전도 이야기

정암초등학교 놀이터 전도에서 드디어 대박이 났다.

1차 전도지 전도
- 전 도 자 : 이영순 집사, 오순임 집사, 송선영 집사
- 전도물품 : 미니 마이쮸
- 방   법 : 하교하는 어린이들에게 후문에서 아파트로 진입하는 길에서 전도지
  와 마이쮸를 전달한다.

2차 전도기점을 세우는 놀이터 전도
- 전 도 자 : 박연훈
- 전도물품 : 전도지
- 방   법 : 오늘은 1시에 도착하여 학교를 쭉 둘러보았다. 아이들이 지나가면서
  많이들 알아보고 인사를 먼저 한다. 그리고 말을 걸어온다.

"목사님 오늘은 무슨 게임해요?"

"어...오늘은 숫자게임"

"어디서요?"

"놀이터에서요"

"몇시요?"

"응, 1시 40분 친구들 많이 데리고 와"

드디어... 놀이터로 아이들이 모여 들기 시작하였다. 3/1이 새 얼굴이다. 기대가 된다. 결론은 맨 끝 줄에...ㅋㅋ

이번에 800m 달리기에서 우승을 한 형진이와...이쁜이...

남자아이들이 더 좋아한다. 게임을...

햇빛이 쪼여서 사진이...그래도...정암초를 배경으로

1장. 전략있는 학교 앞 전도

그네 멀리뛰기 승자...또

놀이터에서 처음 만난 아이들...아이들의 이 소박함과 맑음...그 자체가 아름답다.

오늘 새 친구 3학년 소연이...졸졸 나를 따라 다닌다.

신발 멀리 던지기 게임을 위해 철봉에 매달려 있는 여자 아이들...바로 신발을 던질 태세이다.
(철봉에 매달려서 신발 멀리 던지는 게임)

여긴 남자들...남자는 왼발로 멀리 던지기...그러나 이 게임은 다음 주에 하기로 하였다.
아이들이 많아서... "자, 오늘은 숫자 게임하자 모여 둥그렇게..."

그야말로 놀이의 고전 "숫자 놀이" 그런데 아이들이 이렇게 신나게 좋아하고
또 빙빙 도니까 15명 남짓의 아이들이 금새 20명이 넘는다. 숫자놀이의 진수 너무 재미있다. 그리
고 그 숫자가 점점 많아 진다.

"저도 끼워 주세요" 하나 줄 모여든 아이들이 어느 새 28명...대박...남자 여자 꺼리낌도 없다 숫자 놀이는 손을 잡아야 그 수를 인정해 준다 그랬더니...덥석 덥석 잘도 잡는다...ㅎㅎ

큰일이다 다섯을 불렀는데...여기는 여섯 명이다...서로 나가 줬으면 하는 눈치 싸움..

숫자 놀이 바로 이거였다.

손을 잡아야 숫자를 인정...목소리는 크게...벌칙으로 걸린 아이들은 코끼리 손을
하고 열번 돌기.... 승자 여자 3명, 남자 3명을 분식점에서...먹고 싶은 메뉴 맘대로
신청하기...나머지는 300원 짜리 아이스크림...ㅋㅋ 게임은 규칙이 분명해야 한다.....

그리고 다음 주 예고를 해 준다. 다음 주도 바로 여기에서 게임을 한다고...ㅋㅋ
난리 난리이다. 애들이 점점 더 많아진다. 아 이렇게 좋아 할 줄은...숫자 게임
을...역시 단순하고 친근한 게 최고이다.

금새 친해진 아이들... 가운데 벌칙에 걸린 아이들의 표정이 너무 재미있다. 숫자 놀이든 그 어떤 게임이든 규정이 분명하고 중간에 바꾸지 말아야...ㅎㅎ

나를 졸졸 따라 다니는...눈이 맑은 소연이...한장 팍~

요 녀석이 레드애플(분식집 이름)에 가자 그래서 의견을 존중해 주고...레드애플에
승자들이 왔다....손에 든 것은 콜팡...그리고 다 같이 기도하고...
또...전도지를 전해 주고 본격적으로 짧은 메세지를 전하고 먹게 한다. 이것이 중
요하다. 사 주는 것도 필요하지만 난, 복음을 전해야 하니까...

놀이터로 돌아 왔더니 쌤 세 분이 전
도하느라 여념이 없다. 오늘 학교 앞
전도에 첫 발을 떼신 오순임 집사

늘 든든한 이영순 집사. 이젠 전문
자가 되었다. 어린이들을 만나는 걸
주저하지 않는다. 그렇다 처음에는
어렵고 쑥스럽게 느껴져도 이내 프
로가 된다.

잘 먹고 온 녀석들이 한 컷 찍자고 한다 맑고 맑은 한 컷...

자 요녀석들은 6학년...전도지 나누어 주다가....6학년 녀석들이 나를 기다린다. 그래서 김밥나라로
직행 하였다. 6학년과의 첫 만남 앞으로가 더욱 기대가 된다.
다 먹어 치워서...라면1개, 떡뽁이 하나를 추가로...6학년이니까...

오늘은 3~4학년, 그리고 6학년을 만난 행복한 전도의 날이었다. 아 하나님 너무 기쁘고 감사합니다. 할렐루야!

10월 25일 열명 데리고 온다는 어린이 : 동훈이
교회 온다는 아이 : 덕균, 성유, 정준, 형민, 경민 등등...
오늘 열매가 크다. 주께 영광~ 벌써 어린이들도 나도 다음 주가 기다려 진다.
할렐루야!

〈나가자, 서있자, 전하자〉,
〈나가면 있고 안 나가면 없다!〉

3. 학교 앞 전도 전략짜기

1) 나가기 전에

(1) 전도 할 학교 정하기

이제 〈학교 앞 전도〉를 결정 하였다면 다음과 같은 기초 준비가 필요하다.

a. 가장 가까운 학교 파악하기-주소, 전화번호, 팩스번호, 교장이름, 전교생 수

b. 교회를 나오는 아이들을 중심으로 몇 개의 초등학교 주소, 전화번호, 팩스번호, 교장이름, 전교생 수를 홈페이지에서 확인 조사 한다.

*남서울비전교회 현황과 부서별 구축 방법 1반 3명 / 1부 7개반~12반

- 손곡초 52명 / 17개반 2개 부서
- 동덕초 42명 / 14개반 1개~2개 부서
- 동천초 23명 / 8개반 1개 부서
- 한빛초 22명 / 8개반 1개 부서
- 토월초, 홍천초, 현암초, 괄달초, 대전초, 청솔초, 초림초, 지곡초, 정평초, 이현 오리초, 언동초, 언남초, 율정초, 신풍초, 신일초, 신봉초, 신기초, 신갈초, 수지 성서초, 성복초, 서현초, 영풍초, 상현초, 삼가초, 산운초, 분당초, 보평초, 백현 마북초, 동막초, 대현초, 대하초, 대정초, 대아초, 대덕초, 능동초, 늘푸른초, 내 초, 경한초, 경안초 148명 / 50개반 4개 부서

→ 148명

- *이렇게 총 9개~10개 부서가 되어야 함.
- *담임 교사 수는 총 97명이 필요함.

남서울비전교회의 출석 학생 기준으로 초등학교를 구분한 초등학교 현황표

C. 주요 공략 학교 정하기 - 광명목양교회는 3개 그 중 가까운 곳은 1개

순천 주성교회는 총 13개 초등학교...와~

남서울비전교회는 5개 초등학교를 선정하였다.

(2) 전도 멘트 통일 하기

-안녕! 〇〇〇〇교회에요.(음계 '솔' 이상의 맑고 예쁜 목소리로)

-공부하느라 수고했어요. 자 비타민(말랑카우, 츄파츕스)이에요.

-어린이, 예수님 알아요? (안다면 : 와 그렇군요. 어느 교회 다녀요?)

(모른다면: 아 여기에 힌트가 있어요. 하며 전도지를 전해 준다)

(3) 컴플레인 대처 방안 공유

전도를 하다보면 이런 저런 방해를 받게 된다. 그러므로 이에 대한 대비 훈련이 필요하다. 일단 주눅이 들거나 무슨 큰 잘못을 하다가 걸린 듯 놀라거나 머뭇거리지 말고 담대하게 상대한다. 가능한 한 부딪치지 않는 것이 제일 좋으나 계속 방해 할 경우... 차분히 대화한다.

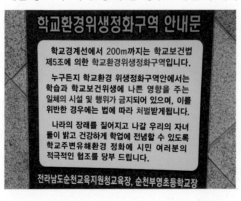

초등학교 정문에 붙어 있는 경고문 학부모들은 학교 앞 전도가 유해하다고 느꼈을 때 아래 표지판을 근거로 항의 한다.

(4) 학부모들의 민원을 일으키는 <학교앞전도> 유형 5.

<학교앞전도>를 불편해 하는 초등학교 교사나 학부모들을 가끔 만나게 된다. 왜 민원을 제기할까? 그 유형을 살펴보고 보다 질서있고 따뜻한 전도를 하자. 전도의 트렌드가 정말 많이 달라졌다. 예전처럼 아이를 의자에 앉혀 놓고 구원상담이나...영접기도를 시키기엔 많은 유의가 필요한 세상이 되었다. 그럼에도 전도를 포기할 순 없다. 그리고 지혜가 필요하다.

무엇보다고 교회학교의 감소 이유 중 가장 큰 이유가 <학부모의 반대>라 하니 학부모를 간과하고 전도만 집중할 수 없는 것이다. 누가 전도를 좋아하는 비신자 학부모가 있겠느냐 마는 그래도 학부모가 납득하는 상황을 우리가 만들고 노력해야 장기적인 전도를 펼칠 수 있는 것이다.

유형 1. 길을 막고 아이들의 통행을 방해 할 때

동천초 등교길에서의 가위바위보... 이것은 지혜가 필요하다. 아래 사진을 보면 충분히 통로를 확보하고 <가위바위보>게임이나 캔디를 나누어 준다.

<u>유형 2.</u> 이름과 전화번호를 노트에 쓸 때

이것은 당장 컴플레인을 받을 수 있는 행동이다. 반드시 금해야 한다. 대
신...전도지를 아이에게 주어야 한다.

<u>유형 3.</u> 사행심을 조장한다고 학부모가 느껴질 때

등콧 길에서 아이들이 〈가위바위보〉나...뽑기에서...지거나 낮은 점수를 뽑으
면 그 날 하루를 기분 좋지 않게 출발한다는 학부모의 걱정이 있다.

그러므로...가위바위보를 할 경우...이기는 아이에겐 〈멘토스〉, 진 아이에겐
팝스 캔디〉 이렇게 지든 이기든 주는 것이다.

이 임상 결과는 〈남서울비전교회〉에 와서 정리하였다. 이곳은 수도권이라...학부
모의 민원이 구체적이고 합리적이다. 지난 6월 30일 등교길 전도에도 동천초 학부
모 3명에게 강한 컴플레인을 받았다. 그들은 가위바위보에서 이긴 어린이에게만

주는 것과 주일에 교회에 오면 스피너를 무료로 준다는 것 조차 싫다며 항의 하였다. 그래서 길 옆으로 약간 비켜서서 차분히 대응하였다. 〈전도피켓〉만 들고 서서 전도하면 좋겠다 제안 하였고 나는 그렇게 하겠다고 조율하였다. 할렐루야! 학부모의 의견은 분명하였다. 학부모가 교회가는 걸 반대하면 어떻게 아이가 교회로 나가겠냐며 부모가 반대하는 행동은 자제해 달라는 것이었다.

유형 4. 사진이나 동영상을 찍을 때

이 부분은 요즘 들어 많은 컴플레인을 받는 유형 중 하나이다. 풍덕 초등학교 교사에게, 동천 초등학교 교사에게 이 항의를 받았다. 그렇다고 사진을 안찍을 것도 아니고....이렇게 하면 된다.

a. 사진 촬영시
1) 우리 교회에 나오는 아이와 인증샷을 찍는 거에요. 라고 답변한다.
2) 아이의 동의를 받고 찍는 거에요. 라고 답변하고 반드시 동의를 받는다.

키즈처치 세은이와 한컷

b. 동영상 촬영시

  1) 동영상 역시 교회에 나오는 우리 아이들 중심으로 찍고 그렇지 않을 경우에
    는 얼굴을 피하여 그 몸체를 찍고 내용을 담는다.

  2) 짧게 짧게 1분 정도로 중요한 상황만 촬영한다.

c. 페북, 인스타 그램, 트위터로 생중계 할 때...

  1) 이것은 공영방송에서 스케치 하듯이 다중을 작게 잡으면 가능하다.

- 실제로 이 부분을 두 차례 항의 받았을 때, 나는 이렇게 대답하였다.

"자, 보세요. KBS에서 뉴스를 내어 보낼 때 월드컵 관중을 찍었어요. 그 때
상암 월드컵 경기장에 앉아 있는 모든 사람들에게 동의를 받고...중계하지
않죠...당연히 클로즈 샷은 동의를 받듯이 저희도 스케치만 하는 거에요. 이미
우리 교회에 나오는 아이와 인터뷰할 때만 당겨서 찍는 것입니다. 아무튼 제
안 주셔서 감사합니다. 주의 하고 찍으니 염려 마시길 바랍니다. 또한 상업적
으로 사용하지 않습니다. 즐거운 하루 되십시오."

아무튼 이렇게 동영상을 학부모들이 싫어하기 때문에 유의해야 한다. 굳이
싫다는데 불만을 야기 하면서 학부모들과 마찰이 생기면 아이들 전도를 더
훼방 받는 결과를 초래함으로 조심 또 조심해야 한다.

<u>유형 5.</u> 아이를 오래 붙잡아 두고 있을 때

-이건 정말 어려운 일이다.

우리는 〈학교 앞 전도〉에서 할 수만 있다면 아이들을 구원시켜 영접기도까지 이끌고 싶고 얼른 교회로 데리고 싶지만 학부모나 교사는 아이들과 낯선 사람이 몇 분 함께 있는 것 자체를 싫어 하니...

그래서 슬기롭고 지혜롭게 주님 앞에 아이들을 이끌어야 하는 때가 온 것이다.

아버지 하나님께서 도와주실 줄 믿고 그래도 전도해야 한다.

풍덕초등학교 길에서 가위바위보 하는 모습

(5) 학교 앞 전도팀 단체톡 개설

전도를 시작하게 되면 블로그 운영이나 카페 그리고 연락망을 구축하기 위하여 〈단톡방〉을 개설해야 한다. 무얼 자랑하고 나타내기 위함이 아니라 전도기록의 수단으로 매일 일지를 쓰듯 기록하고 전도자들끼리 공유한다. 그래야 오늘은 어느 선생님이 나오고 또 급한 일이 있어서 못나오고 하는 사정을 훤히 공유할 수 있다.

따라서 답글은 이모티콘이나 친절한 글로 톡이나 문자 폭탄 시대에 공해라 느끼지 말고 소통의 관계를 확실히 한다. 마치 연애하는 젊은이들이 금새 만나고 또 톡하고 문자를 나누듯이 전도자들도 원활한 소통을 나누고 기도제목을 나눈다.

(6) 전도 준비물

전도를 나가기 전에 다양한 준비물(만화전도지, 캠페인 배너, 명찰, 교회 배너)이 있다. 특히 전도지는 정말 좋아야 하고 아이들과의 대화거리가 만들어져야 한다.

(1) 만화 전도지

18종이나 구축되어 있는 만화 전도지
문의 : 윌커뮤니케이션 02-2277-7690

(2) 피켓

명찰, 배너 제작처 : 다경디자인 010-3346-8389

(3) 전도간식

땅콩카라멜, 마이쮸, 말랑카우, POPS, 멘토스, 비타민 등등

(4) 이벤트 장비(참참참, 뽕망치 등)

가위바위보는 맨손으로 하지만 〈참참참〉은 뽕망치가 있어야 하고 아이의 머리
를 실제로 치면 안된다 내 머리를 쳐야 한다. 괜히 애들 때렸다고 시비를 걸어 올
수 있으니까...

(7) 〈학교 앞 전도〉의 두 종류

(1) 등교 길 전도

전략이 있는 〈학교 앞 전도〉란 바로 〈붙박이 전도〉이다. 학기 동안 매 주에 1회 같은 장소에 같은 교사가 붙박이로 서 있으면 이내 학생들과 안면 트기를 하게 되고 교회 축제에 초청하면 열매가 주렁 주렁 맺히게 된다. 남서울비전교회의 등교 길 전도 일정을 소개한다.

화요일 : 토월초, 손곡초등학교
수요일 : 풍덕초등학교
목요일 : 한빛초등학교
금요일 : 동천초등학교

이렇게 5개 학교에서 오전 8:20~9:00까지 거의 전교생을 매주 1회씩 만나는 것이다. 학교마다 특징이 있는데 어떤 학교는 정문만 있는 곳, 어떤 학교는 정문과 후문 심지어 옆문까지 있는 학교가 있다. 그럴 때는 그만큼 전도자가 확보 되어야 한다.

방법

1) 같은 시간 같은 인물 같은 분위기로 서야 한다. 붙박이로 서야 아이들과 친해진다.

2) 피켓, 명찰, 복장이 중요하다. 신분을 미리 알리는 것이다. 뭐하는 분들이세요? 라고 묻기 전에.

3) 비오는 날은 더 즐겁게 (우산 준비, 특히 등교 길에 비가 오지 않고 하교 길에 올 때) 비가 올 경우에는 보편적으로 전도하러 나가지 않지만 붙박이 전도는 기회로 여긴다. 비가 온다고 그 학교를 한번 빠지면 보름만에 아이들을 만나기 때문이다.

(2) 하교 길 전도

하교 길은 시간 배정을 정말 잘해야 짧은 시간에 많은 아이들을 만날 수 있다. 자칫 잘못하면 두 시간 세 시간 서 있었는데도 소수의 어린이들을 만나고 돌아 올 수 있기 때문이다.

하교 길 전도 시간은 보편적으로 학생들이 50분에 마친다고 볼 때 학기 초에는 12:50~13:20, 13:50~14:20, 14:50~15:20 이렇게 30분씩 나누어서 서면 된다. 하교 길은 이렇게 아이들이 학년별로 분산하여 나오지만 등굣길보다 더 친근하게 충분히 대화를 나눌 수 있는 특징이 있고 나중에는 아이들이 전도자 주변에 서성거리는 아이들을 만나게 된다. 그 때 대화를 나누며 복음을 제시하는 것이다.

(8) 협조공문 보내기

협조공문은 말 그대로 협조를 요청하는 공문이다. 학교에서 학교장이 공문을 받고 전화 한 통 오지 않지만 학교에서 미리 알게 해 주는 것은 매우 다양한 효과가 있다. 학교마다 정서가 다르기 때문이다. 어떤 학교는 학교장이 등굣길에 아예 나와서 아이들의 등교 길에서 맞아주는 데가 있다. 요즘 추세가 그렇다. 정말 많은 교장 선생님들이 매일 정문에 나와서 아이들을 직접 맞이한다. 그런가 하면 그렇지 않은 학교도 있다.

별첨자료 01. 학교 앞 전도 협조 공문 예안

착한 인성과 바른 성품의 반듯한 어린이를 키우는

남서울비전교회 (합동교단)

문서번호	기획 17-02
수　　신	한빛초등학교 박찬우 교장 선생님께
참　　조	생활지도 담당선생님
제　　목	새 학기 〈학교 앞 전도〉에 양해를 바라는 협조 공문

안녕하세요?
어린이의 밝은 미래를 위하여 늘 기도하는 동천동 240번지에 위치한 남서울비전교회 어린이부에서는 귀교 정문이나 후문 밖에서 어린이들의 통행에 불편을 주지 않는 선에서 전도를 실시하려고 합니다. 이에 아래와 같이 상세히 알려 드리오니 크게 양해 해 주시길 바라며 협조의 말씀을 드립니다.

I. 학교 앞 전도 개요

1. 목적

   1) 어린이들에게 좋은 성품과 미래의 꿈을 가질 수 있게 하기 위함.

   2) 어려서부터 바른 예절을 지니고 자율적으로 열심히 공부하여 훌륭한 인재가 되게 하기 위함.

   3) 순천주성교회 어린이부(아동부)를 소개함으로 이단이나 나쁜 환경에 빠지지 않게 하기 위함.

2. 전도 근거 : 대한민국 헌법 제20조 1항

3. 전도 일시 : 2017년 3월 2일부터 ~ 방학 전까지 주중 1회 하교 시간 약 30분~90분

4. 전도 장소 : 학교 정문 혹은 후문 앞

5. 전도 대상 : 용인시 100개 초등학교에 재학 중인 66,864여명의 초등학교 어린이

II. 세부 사항

1. 배부하는 것 : 간식, 비타민 혹은 마이쮸(평일), 가끔 전도지 배부 등등

2. 전도 규정

   1) 기존의 무차별식 전도를 떠나 어린이들이 자율적으로 전도지를 받아 가게 한다.

   2) 어린이가 불쾌감을 느끼지 않는 선에서 전도지와 선물을 나누어 준다.

   3) 어린이의 건강을 해치는 불량 식품을 나누어 주지 않는다.

   4) 개인정보 보호를 위해 어린이의 이름이나 전화번호를 강요하거나 기록하지 않는다.

3. 전도자 복장 : 가슴에 명찰을 패용하여 신분을 분명히 하고 아이들에게 신뢰감을 준다.

4. 담당자 : 박연훈 목사 (협성대 졸, 교회학교성장연구소 소장, 감신대 설교학 교수 역임)

5. 담당목사 유튜브 설교 영상 참고 (검색어 : 박연훈)

혹 궁금하신 사항은 담당자인 박연훈목사에게 전화나 문자나 이메일을 주시길 바랍니다.

이상 끝.

남서울비전교회

발신일 2017년 3월 24일 담임목사 최요한
담당 목사 박연훈 H.P 010-2281-8000 이메일 praise7070@daum.net
우 16826, 경기도 용인시 수지구 동천동 240 / 전화 031-276-9191
대한예수교장로회 남서울비전교회 홈페이지 http://nsvch.kr/

2) 이제 나가자

a. 교회에서 기도하고 출발하기

준비한 전도 간식과 명찰 배너 등등을 챙기고 학교 앞으로 가기 위해 교회 로비나 약속한 장소에 모인다. 함께 통성으로 기도하고 학교로 출발한다.

1) 배움터 지키미와 친하기

　정문 안쪽에 있는 경비실로 가서 안녕하세요? ○○교회에서 왔어요.

　우리 교회에 나오는 아이들 좀 만날게요. ○○시 즈음 마칠겁니다. 수고하세요.

2) 교회와 시간 알리기

　안녕하세요? 공부하느라 수고했어요. ○○교회 예배는 ○시에요.

3) 정한 시간 동일한 복장 동일한 인물

4) 키높이 대화

5) 접촉점 만들기 / 다양한 접촉점

6) 서서히 모이기

7) 복음 전하기

8) 아이의 이름 연락처를 스스로 말하게 하기

　노트에 적는 것이 아니라 스마트폰 녹음기능을 사용한다.

3) 학교앞전도를 준비하는 교회에 드리는 열 가지 팁

오늘 대전에서...등교길 전도를 막 시작한 전도사님으로 부터 전화 한통이 날아들었다. 한 주에 약 15만원어치의 〈마이쮸〉를 아이들에게 뿌렸는데 그것이 허비하는 것이 아니냐는 목회자 회의에서의 질책성 대화를 나누었다 하여 〈학교 앞 전도〉를 준비하는 교회에 다음 사항을 통화한 것들을 정리하여 공개한다. 보편적인 문제들이라...

1. 우선, 〈학교 앞 전도〉를 시작하면서 전략이 필요하다.

8명이 나가서 마이쮸만 하루에 다섯봉씩 뿌린다고 다 한 것은 아니다.

전략이 필요하다.

1) 화,수,목,금 선교 대상 초등학교를 선정한다. 학교가 8개 일수도 있고 2개 일수도 있고 1개 일수도 있다.

2) 학교 선정에서 매우 중요한 것은 현재 우리 아동부에 다니는 아이들이 많이 다니는 학교를 먼저 선정하는 재치가 있어야 한다.

3) 시간과 장소를 선정하였다면 동일한 인물로 배정하라. 즉, 화요일에 ○○초등학교 등교 길 전도라 한다면...정문에 ○○○선생님과 ○○선생님, 후문에 ○○○○선생님과 ○○○전도사님 이렇게 2인 1조씩 두 팀이 움직이는 것이 좋다. 그래야 아이들과 〈안면트기〉에 성공한다.

2. 〈학교 앞 전도〉는 〈안면트기〉부터 라는 사실을 인지해야 한다.

1) 금방 결실하기 보다 〈안면트기〉 한다는 마음을 공유한다. 전도를 할 때 가
   장 많이 겪는 문제는 한 달을 해도 쉽게 아이들이 교회에 오지 않는다는 결
   실의 문제에 봉착할 때이다. 당연히 금방 결실이 이루어지지 않는 것이 현실
   이다. 그래도 나가야 부흥한다. 여기서 꺾이면 다 꺾인다. 이 부분은 아예 각
   오를 해야 한다.

2) 아이들이 몇 주만 지나도 저쪽에서 〈선생님~〉 하고 달려 온다. 이렇게 친해
   져야 대화의 접촉점이 생긴다. 그 때까지 기다려야 한다.

3. 모든 부분에서 찌라시 아줌마(?)와 달라야 한다.

이것은 복장에서부터 일단 차별화 되어야 한다. 그래서 명찰, 전도지, 단정한
복장, 피켓 등이 준비되어야 한다.

1) 명찰

2) 전도지

3) 교회 팻말

4) 캠페인 피켓

4. 전도할 때 성령님의 동행을 확신하라.

맨처음 전도 나갈 때는 오금이 저리고 구름만 끼어도 도망갈 궁리를 한다. 하지만 한 번 두 번 나가다 보면 성령님의 임재를 느끼고 〈무한한 행복〉을 느끼게 된다. 그리고 자신감이 정말 생긴다. 성령 하나님께서 주신 것이다.

5. 심방효과를 만끽하라.

앞에서 언급한 바와 같이....학교 앞 전도를 할 학교를 선택할 때...이미 교회에 나오는 아이들이 많이 분포된 초등학교를 공략하라 하였다. 그 이유는 접촉점과 친근함을 이미 출석하는 아이들 심방 효과와 함께 나눌 수 있기 때문이다. 아이들이 학교 앞에서 선생님을 만나는 걸 무지 자랑스러워 하고 자존감을 느끼게 하는 것이 학교 앞 전도의 강점 중에 하나이다.

남서울비전교회 아이들 좋아 죽는다

6. 협조 공문을 미리 보내라.

학교는 낯선 것을 싫어 한다. 그러므로 학교 앞 전도시 반드시 〈협조공문〉을 먼저 보내야 한다. 혹은 전화로 허락을 받는 것도 좋다. 전화를 하면 대 부분 교감선생님이 받는다. 전화로 할 경우 ○○교회인데...우리 교회에 다니는 아이들을 만나러 간다고 말한다. 더불어 〈공부 잘 하기 캠페인〉을 하려고 한다고 말하라.

7. 접촉점 찾기

2개월 정도 꾸준히 전도를 하였다면 이제 슬슬 접촉점을 만들어야 한다.

1) 근처 놀이터를 찾아라.

놀이터는 아이들과 접촉점을 찾기에 매우 수월한 장소이다. 이 곳에서...신발 멀리 던지기 등...매 주 다음 주의 게임을 알려 주고... 기대감으로 일주일을 기다리게 하며 아이들과 친해진다.

* 게임을 마친 후 김밥천국이나 베스킨라빈스, 던킨도너츠, 롯데리아 등 아이들이 좋아하는 가게로 가서 적당한 메뉴를 선정하고 이 때 음식을 기다리는 동안 전도지를 나누어 주고 성경 퀴즈를 낸다. 물론 맞추면 메뉴 1개 추가...애들이 반 죽는다.

2) 또 하나의 접촉점은 운동장 축구골대이다.

축구를 좋아하는 나는 페널티킥 게임을 주로 하였다. 아이들이 3명 골키퍼 하고 난 혼자 하고 그래도 난 이긴다. 하지만 맨 끝에 일부러 져 준다. 그래야 아이들이 좋아한다. 그 결과 또 근처 가게로 가서 맛난 것을 먹고 대 놓고 교회 오라고 전도를 시작한다. 할렐루야! 이 외에도 접촉점은 한도 끝도 없다. 성령의 지혜를 받고 행하라.

8. 캠페인을 벌려라.

교장도 학부모도 좋아하는 것이 등교길 〈공부 잘하기 캠페인〉이다. 이 땐 꼭 마이쮸나 멘토스, 말랑카우, 비타민 등등을 주지 않아도 된다. 굿모닝! 반가워요. ○○교회 아동부 ○○○샘이에요. 안녕! 축복해요. 지혜를 받으면 공부가 잘되어요. ○○교회 ○○○전도사에요. 등등의 인삿말을 나눈다. 인삿말로라도 아이들의 손을 잡고 등교 하는 학부모를 감동시킨다. 부모들이 하기 어려운 말을 우리가 대신 해 준다며 고마워 한다.

9. 이제 드디어 공격적 전도를

1) 전도축제 개설

전도축제는 반드시 수백명의 어린이가 와도 그들을 다 반에 세팅할 수 있는 교사들의 교육과 내실이 기해졌을 때 시행해야 한다. 그렇지 않으면 수백명이 와도 우수수 그 다음 주에 다 빠져 나가기 때문이다.

내실을 기해야 한다는 것은 (1)행정시스템 (2)질 높은 예배 구축 (3)교사의 평준화)가 되어야 한다는 것이다.

남서울비전교회에서는 1년에 5회 전도 축제를 한다.
3월 26일 신입생 대상으로 한 꿈의 사람 전도축제
5월 7일 어린이축제
7월 9일, 16일, 23일 여름성경학교 전도 축제 (3주 연속)
9월 24일 2학기 행복축제
11월 12일 보물찾기 전도축제

2) 매월 총출석주일

교육목회 플랜을 보시면 잘 알겠지만 제가 사역하는 키즈처치에서는 매월 셋째 주를 〈총출석주일〉로 지킨다.

개요 :

총출석주일이라 함은 3월에 세팅된 반 재적인원이 100% 출석하게 하여 모든 반 교사의 전화심방 아래 학생들이 자율적으로 출석에 신경을 쓰고 또 전도에 힘쓰는 〈총력출석주일〉이다.

규칙 :

a. 반배정시 공평하게 3~5명으로 세팅해야 한다.

b. 모든 교사가 공정하다 긍정할 때까지 반편성을 먼저 잘 해야 한다.

c. 반 편성이 완료되는 시점에서 〈총출석주일〉을 시작한다. 참고로 남서울키즈처치는 매월 셋재 주를 〈총출석주일〉로 지킨다.

시상 :

a. 아이들은 시상에 목을 멘다. 그러므로 규칙을 꼭 미리 알려 주어야 한다. 또 약속한 규칙은 지켜야 한다.

b. 시상 1

4명 재적에 4명 모두 출석하면 간식 1+1을 주고 반 출석부 표지에 별스티커를 하나 붙여 준다. 이 별스티커 5개를 달성하면 상금이 수여된다(1만원에서 3만원...정하기 나름).

c. 시상 2

재적 5명에 출석 6명, 즉 새 친구 1명이면 1+1 간식에 별 스티커 두 개를 출석부 표지에 붙인다. (총출석 달성1, 새친구 1 = 스티커 2장, 만약 새친구가 2명이면 별스티커 2장)

* 여기서 새친구에 대한 정의가 필요하다. 별을 받고 4주 연속 나오지 않으면 다시 별을 회수하는 규칙을 정해야 한다. (정하기 나름)

3) 전도축제에 초대할 명 강사와 아이들이 좋아하는 콘텐츠

- **sbs 스타킹 복화술** : 안재우 강사 010-3261-8610 / 말이 필요없다. 해 본 콘 서트 중에 가장 감탄~
- **버블매직쇼** : 정민우전도사 010-3221-0638 / 역대 최강이다. 버블과 기독마술 을 자유자재로 구사한다. 전도사님이라 신학적 기초 위에 은혜가 된다.
- **버블쇼** : 버블스타 김규엽집사 대구 010-7373-0759
- **인형극** : 김홍영목사 010-9944-5410 김태성목사 010-4326-1250
- **매직콘서트** : 함현진 (facebook에서 검색)
- **모노드라마** : 김석환목사 010-3230-2679
- **다양한 콘서트** : 최스타 010-2071-1560 원지성 강사 등등

10. 새 친구 정착 컨트롤타워 시스템이 구축되어 있어야 결국 마무리는 정착이다.

아무리 많이 교회에 와도 정착이 안되면 전도에 땀흘린 교사와 학생들을 보낸 성령님의 마음을 아프게 한다. 그래서 키즈처치는 이렇게 가동한다.

1) 콘트롤타워 배행연집사 (반 맡기지 않고 이것만 하게 한다. 2명 전담 교사(김기화집사, 이주현집사)까지 배치 총 3명이 운영)
2) 관리 프리젠테이션
    a. 2층 새 친구 접수처에서 반드시 새 친구 등록 카드 작성
    b. 예배실에 입실하여 새 친구 좌석에 앉는다. (두 교사가 관리)
    c. 예배 후 〈새 친구 환영〉 시간에 그 아이의 인도자 인도자의 부장 맡게 될 담임 이렇게 4명이 강단 앞으로 나온다. 그래야 부장도 담임도 인도자도 〈새 친구〉의 얼굴을 트고 알게 된다.

d. 환영하고 선물(선물은 새 친구와 인도자에게 동일하게 준다) 새 친구 등록카드와 맞 교대 한 후 커텐 뒤 준비된 장소로 새친구를 배행연 집사가 데리고 가고 인도자와 담임 부장은 있던 자리로 간다.

e. 4주 간 새 친구 좌석에서 공부한 후 해당 반으로 등반축하를 해 준다. 이 때 해당 담임 교사는 선물로 아이를 맡이하고 그 아이의 이름은 비로소 온라인 교적부에 올린다. (컴퓨터 온라인에 올리기 전 까지는 출석부로 체크 하되 1회 결석은 봐 준다. 그러나 2주 빠지면 다시 4주를 연속으로 출석해야 등반 시킨다.)

* 등반 선물 : 상품권 3천원을 새친구 환영 때 주고...4주 지나면 1+1 =6,000원 상품권을 인도자와 새 친구에게 준다.

이렇게 하여 지난 2년 동안 전도하고 등록한 아이만 500명이 넘는다. 할렐루야. 이래도 전도를 하지 않겠는가 전도하지 않고 교회학교의 감소나 교회학교 68%를 언급하지 말라.

남서울비전교회 키즈처치 새친구환영식

4) 등교 길 전도 히트 전략 공개

(1) 새로운 등교길 전도 전략 1+1
학교앞전도에서 〈등교 길 전도〉는 이렇게 하면 실질적인 열매를 얻기 쉽다.
우선, 등교길 전도는 늘 말씀 드리는 것이지만...등교길 약 30분 동안의 수고
로 〈전교생 어린이〉를 거의 다 만날 수 있다는 장점이 있다.

   a. 주의사항

     이것은 학교나 학부모가 예민하게 제지할 수있는 요소임으로 이 부
     분을 먼저 상고해야 한다.

   – 등교길 등교를 막는 행위 조심 .

     예를 들면, 무작위로 아이들에게 무언가를 뿌리는 행위.. 전도지나 비
     타민 등등. 해결 점은 분산하여 나누어 주면 등교 길 저체가 원활하
     기에 문제 삼지 않음.

   – 사진을 찍거나 동영상을 촬영하는 행위 조심

     동천초에서 문제 제기의 발단이 〈페북생중계〉 때문이었다. 물론 과도
     한 제지이기도 했지만 문제의 소지를 아예 주면 안된다는 결론이다.
     근처 경찰이나 교사가 있을 때 다가가서 〈우리 교회 아이들을 인증
     샷 할 것입니다. 오해 하지 마십시오〉라고 미리 얘기 해 두면 된다.

b. 진짜 전도를 위한 1+1 관계전도 전략

이것은 〈관계전도〉를 위한 시도임을 밝힌다.

관계전도란? 이미 교회에 나오고 있는 아이를 중심으로 1명씩 전도해 나가는 전도방법이다.

– 3월초 〈친구 많이 사귀기 운동〉 전개한다.

주일 날 예배 시 광고 타임에서 분명히 공지하여 아이들이 편협적 친구관계에서 풍성한 친구관계로 발전시키고 또 나중에 그들을 전도하기 위한 터전을 만드는 것이다.

(2) 1+1 크런치 킹 배포

예배시 광고에서 〈이번 주 화요일에 손곡초 앞에 목사님이 나가십니다. 키즈처치 하고 달려와 하이파이브 하면 크런치킹(사진별첨)을 줍니다. 두개를 줍니다. 하나는 너가 먹고 다른 하나는 베프를 주는 겁니다. 알았죠?〉 하고 광고를 한다.

(3) 공부 잘 하기 캠페인

다른 아이들에게는 공부에 대한 도전의식을 가지게 한다. 이 캠페인은 학부모도 학교 교사도 좋아한다. 자신들이 해 주고 싶어하는 말을 우리가 대신해 주기 때문이다.

페이스북 생중계 동영상 보기 https://www.facebook.com/yeonhoon.pak

5) 풍덕초 전도 현장 소개

1+1 빼빼로 전달

- 장소 : 풍덕초
- 전도자 : 총 3명 / 이정옥권사, 최연순권사
- 전도 물품 : 백화점에서만 파는 큰 빼빼로(하단 사진 별첨)

  전략 1. 주일 예배 시 등교 길 전도 일정을 미리 공개한다.

  전략 2. 아이들에게 목사님과 선생님들을 학교 정문에서 발견하면 〈키즈처치〉
  를 외치거나 〈목사님〉을 외치면 빼빼빼로 두 개를 준다.

  - 1개는 아이가 먹고 다른 하나는 교회로 전도할 그러나 아직 교회 오
    라고 말하지 않아야 할 절친에게 준다.

  전략 3. 은근 효과

  - 아이들이 지나가면서 자기도 받았으면
    하는 호기심 자극
  - 드디어 교사나 제 주변에 서성거리는 아
    이가 생기기 시작... 가까이 와서 빼빼로
    를 보거나 기웃거리면...〈아 빼빼로 줄까?
    그래...너에게만 주겠어. 본래 남서울비전
    교회에 나오는 아이만 주는건데...너도 기
    회가 되면 꼭 와야 해〉 하고 1개를 준다.

* 특이사항

1) 오늘 주음성감리교회 전도팀을 풍덕초 후문에서 만났다. 그 교회는 서동범 집사가 개발한 〈뽑기〉를 하고 있었다. 그래서 언제 언제 하는 지 물어 보고 요일이 겹쳐서 우리가 수요일로 옮겨 주기로 하였다.

2) 생활담당 교사의 사진 촬영에 대한 제지

한 참 후문에서 전도하는데 교사 한 분이 나와서 사진을 찍지 말라고 제지 하였다. 웃는 표정으로 네...우리 아이들 인증샷 찍는데요. 뭐가 문제가 되나요? 하였더니 학부모 한 명이 전화를 했단다. 그래서 찍은 사진을 보여 주었다.

* 중요한 부분

나는 당당하게 그 교사와 말하였다.

"생활 담당이시라 학부모의 컴플레인을 받으면 당연히 확인하셔야 하지만 〈보세요. (갤러리를 보여 주면서) 자, 하나 둘 셋 (세 장이 찍혀 있었다.) 자 이 아이들이 우리 교회 나오는 애들이에요."

"다음 부턴 전화가 오면 〈제가 확인 했는데...그 분은 남서울비전교회 어린이 담당 목사시고, 교회에 나오는 아이들과 인증샷을 찍고 있었습니다. 제가 직접 폰 갤러리를 확인했습니다.〉 라고 말하세요." 라고 제안해 주었다.

무조건 알았다고 수긍하면 계속 제지한다. 분명하게 말할 땐 분명하게 말해야 한다.

〈학교 앞에 나가 전도하지 않은 분은 아동부 감소를 언급하지 말라!〉 아멘!

6) 등교길 전도에서도 주의할 점

(1) 좋은 점

    a. 30여분 짧은 시간에 전교생을 모두 만날 수 있다는 강점이 있다.

    b. 시기 : 등교길 전도는 3월, 9월 한 달 간 쭈욱 하는 것이 좋다.

(2) 나누어 주는 것

    a. 축복의 말

    b. 실비아 등 간단한 먹을거리

    c. 전도축제를 할 경우 전도지

(3) 주의할 점 세 가지

    a. 등교를 지체시키는 행동 삼가

        정문이나 후문에 서 있는 초등학교 선생님들이나 함께 손을 잡고 출근을 도와 주는 학부모가 볼 때 "왜 길을 막고들 이러지?" 하는 불만이 생기지 않도록 유의한다.

b. 간식거리나 전도지를 매번 주지 않는다.

뭘 주지 않아도 〈공부 잘 하자〉는 인사만으로 행복해 하고 목례한다.

전도지는 가끔 전도축제나 이벤트를 할 때 준다.

c. 사진이나 동영상을 촬영할 시 스케치만 하고 근접 촬영은 이미 교회에 아는

아이들과만 한다. 근래에 들어 사진촬영이나 동영상 촬영시 반대하며 거칠

게 따지는 일이 생길 수 있다. 근접 촬영은 반드시 허락을 받아야 하고 스케

치만 하는 것으로도 전도 일지를 쓰는데 문제가 없다.

현장 중계 동영상은 여기 https://www.facebook.com/yeonhoon.pak

5) 작은 교회 〈학교 앞 전도〉 이야기

김지희전도사의 작은 교회 〈학교 앞 전도〉 스토리

교회명 : 소하광명교회와 목양교회

소하광명교회는 올해 학교 앞 전도에 도전한 교회이다. 처음엔 자리를 못잡아 여러모로 어려움도 겪었지만 전도자들끼리 서로 격려해주고 전도팁도 나누면서 이제 서서히 자리를 잡아가고 있다. 4명이 한 팀이 되어서!

한분은 학교 앞에서 교회아이들 만나면 반갑게 인사하고 다른 샘들이 계신 곳으로 가도록 지도하였다.

교회아이가 친구랑 함께 나오면 친구랑 함께 가도록 하였다. 그리고 중간에 또 한분이 기다리다가 또 안내를 해 준다. 아이들은 금방 또 자기에게로 가기 때문이다.

나머지 2명의 쌤은 작은 텐트를 쳐놓고 시원한 아이스크림과 함께 아이들을 배웅하고 잠시 복음을 전한다. 멋진 전도팀이다.^^ 이 전도팀은 제가 소개해드리고 매번 인사받지만 사실은 주님께서 하셨다. 학교 앞에선 제가 1년 6개월차 고참이다.

배움터 지키미 아저씨, 솜사탕 아저씨, 학원차 아저씨, 학부모님들과 인사하고 교통정리도 해준다. 오늘도 솜사탕 아저씨 눈치보며 전도하는 전도팀들이 맘껏 전도하도록 솜사탕 아저씨는 제가 옆에서 도와드리면서 모여드는 아이들 기다릴 동안 전도한다. 솜사탕을 사든 사지 않든 아이들은 솜사탕을 좋아하고 구경하길 좋아한다.

아저씨도 오늘은 몇번 전도팀 쳐다보시다가 신앙에 대해 대화하였다. 아저씨도 나이가 많이 드시니 가끔 외로운 마음에 교회에 나갈 마음이 생긴단다. 가족들은 교회다니는데 아저씨만 안나가시니 더 그럴 거 같다고 말씀드리고 사람은 원래 본향을 사모하는 마음을 갖고 있다고 그 마음을 하나님께서 모든 사람에게 주셨다고 언제든 감동되시면 용기내서 교회 나가시라고 교회 나가는데도 용기가 필요하다고 말씀드렸더니 고개를 끄덕이셨다. 오늘도 만들어 놓으신 솜사탕 아이들 전도에 사용하라고 다 주시고 가셨다. 불신자라고 늘 악한 말이나 거친 행동을 하시는 건 아니다.

더 남아서 홀로 나오는 아이들 상대로 더 전도하고 교회를 왔는데 학교 앞에서 전도한 2명의 아이를 교회 앞에서 만났다. 아이들이 먼저 알아본다 장기간 〈학교 앞 전도〉의 효과가 분명하다. 잠시 교회 들어오게 해서 먹을 것도 주고 다섯 손가락으로 기도하는 방법도 알려주고 매일 한번씩 가르쳐 준대로 기도하고 다음 주에 만나면 선물준다고 하니 좋아한다. 매일 한번씩 꼭 기도하기로 하고 손가락도 걸었다. 귀여운 아이들이다. 오늘도 이렇게 행복한 전도를 하고 지금은 모든 예배 마치고 기도회하고 집에가 는 버스 안이다. 고단해서 스토리 생략할까 했지만 기쁨은 나누면 배가되니 흔들리는 버스에서 열심히 나눈다. 사랑하고 축복합니다~**

*작은교회 전도일지 : 아동부 부흥네트워크(다음카페 검색)

6) 전도 탐방

광주소망교회 김원규목사님께서 문자가 왔다. 학교 앞 전도 탐방을 하고 싶다고. 오늘은 미산초등학교에서 전도하는 날이라 장소와 시간을 알려 드렸더니 1시 18분에 도착하였다. 13명이나 오셨다. 전도의 열망이 대단한 교회이다.

〈학교 앞 전도〉시 주의 사항을 광주소망교회에 먼저 일러 주었다.

1. 아이의 이름이나 핸드폰을 묻지 않는다.
   - 교회에서 준비해 간 전도지에 이미 교사의 전번이 있으므로 그리로 전화하여 스스로 찾게 해야 한다.
   - 사생활 보호로 학부모들이 아이의 이름이나 주소, 전번을 묻는 것에 대해 굉장히 난색을 표하는 시대이다.
2. 배움터 지기미에게 이런 저런 이유로 어느 교회에서 왔고...몇시까지 전도하다 갈 것이라고 미리 알려 준다.
3. 학교 안에서 전도하면 제지를 받으므로 학교 앞 정문 앞 도로나 놀이터가 있으면 금상첨화이다.
4. 아이에게는 반드시 존대어를 사용한다. 함부로 하지 않는다.
5. 풍선껌은 아이들이 매우 좋아하나 학교 선생님이나 학부모는 싫어 한다. 도로를 더럽히고 여기 저기 껌을 묻히니까.

오늘의 전도 개요

• 전도일시 : 2015년 10월 22일(목) 13:30~15:20

• 장소 : 미산초등학교 정문, 후문

• 전도자 : 홍음빈, 김순영, 곽은미, 배선화, 이선덕, 박연훈

• 전도물품 : 전도지, 미니 마이쮸, 자유시간 미니 쵸콜렛바 등

학교 앞 전도를 탐방 오신 광주소망교회의 교사들...대단한 분들이다.

김원규목사님과 쌤들...

오늘의 천사....전도물품을 가지고 오신 조을우쌤과 함께 지난 주에 이어 쵸콜렛과 상당의 사탕을
가지고 오셨다. 아...감사~

이번 주 꼭 오겠다며 계속 쫓아 다니는 세 소녀들과...

전도물품이 좋으니까 아이들이 대박 몰려 온다.
그래도 꼭 이번 주 전도잔치를 말해 주는 것을 잊지 않는다.

축구게임 준비...

새희망교회 아동부 전도팀, 표정이 살아 있다....

오늘의 전도 왕, 배선화, 김순영, 곽은미, 홍음빈쌤...점점 애들처럼 소박한 미소를 닮아 간다.

뭐가 그리 좋은지 항상 밝은 아이들...그리고 배선화쌤...

승부차기 후 베스킨라빈스에서...

오늘 완전 기분 좋아서 한 컷 더...

문구점에서 맛난 것 하나씩...사주었다.

새희망교회에 와서 처음 만난 이영찬어린이...(좌측)

오늘은 레스토랑에서... 전도를 위하여 팍팍 썼다.

교회 사무실로 돌아 오니 7시가 넘는다...몸은 피곤하고 힘겨움이 밀려온다. 기분은 너무 좋다. 전도는 주님의 명령이고 그 명령은 생명 다하여 준행하셨으니 나를 써 주신 하나님께 감사할 뿐이다. 할렐루야!

Part 02

거룩한 예배

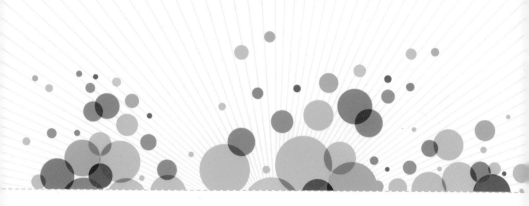

Part 02

부흥을 위한
소잃는 외양간 구조 고치기

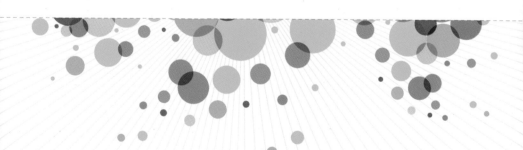

1. 교회학교
얼마나 위기인가?

(1) 숫자적 위기

2001년도 CBS 세상읽기 프로그램 이진성 기자가 처음으로 한국 교회의 위기설을 공개하였다. 자연히 교회학교는 그 위기의 중심에 있다 그렇다면 도대체 교회학교가 얼마나 위기일까? 먼저, 그 숫자적 위기에 대하여 살펴보자. 어린이들이 교회학교에 급격히 그 숫자가 감소하고 있다. 교회학교 교세통계를 보면 예장통합은 2007년 27만 1천명에서 22만 8천명으로 4만 3천명 감소했고, 예장고신은 2005년 9만 5천명에서 7만 6천명으로 1만 9천명이 줄었다.

필자가 소속되어 있는 기독교대한감리회는 2004년도부터 2014년도 10년 사이 10만명 감소되어 2014년 통계는 17만명이다. 참으로 기가 차게 놀랄 일이다. 그러니

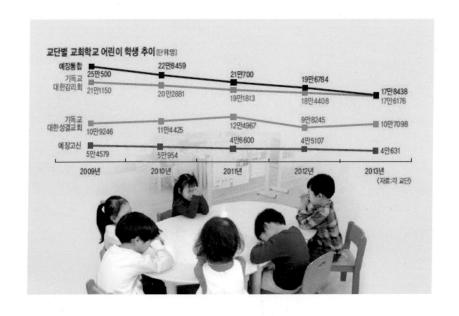

교단별 교회학교 어린이 학생 추이(단위:명)

	2009년	2010년	2011년	2012년	2013년
예장통합	25만500	22만8459	21만700	19만6784	17만8438
기독교 대한감리회	21만150	20만2881	19만1813	18만4408	17만6176
기독교 대한성결교회	10만9246	11만4425	12만4967	9만8245	10만7098
예장고신	5만4579	5만954	4만6600	4만5107	4만631

〈자료:각 교단〉

까 과거 10년사이에 10만명이 줄어든 현실인 것이다. 그리고 1년 사이 2013년에 비하여 8,232명이 감소되었다. 1990년대 이후 주일학교 학생 수가 지속적인 감소세를 보이고 있는 것이다. 정말 위기가 가속화 되고 있다. 눈물이 다 날 정도로….

처음 '교회가 인원이 감소되고 있다. 위기이다.' 라고 언론에서 경각심을 줄 때 솔직한 얘기로 대부분의 목회자와 성도들은 그 무슨 큰 문제가 있겠냐며 방심했다. 그러다가 2005년도 통계청 발표로 그 구체적 수치에 기절할 뻔했다. 총인구 47,041,434명에서 종교를 가지고 있는 인구가 24,970,766명…. 총인구의 절반 수준인데 그 중에서 불교가 10,726,463명인데 반하여 기독교 인구가 8,616,438명으로 일천만명도 안되었으니까. 이것이 2005년도 인구조사 때 나온 수치이니까 10년이 지나는 2015년은 약 700만명으로 추산해 볼 때 그야말로 한국교회는 미래가 매우 암울하다는 것을 부인할 수 없게 되었다.

그렇다면 교회학교, 주일학교에 어린이부서는 과연 어떨까? 2014년도 전국 초등학교 수는 5,913개 그 초등학교에 다니는 어린이들의 수는 2,784,000명 이다. 대안학교나 집에서 교육하는 어린이도 있으니 대략 350여만 명의 어린이가 있는 것이다. 이 중에서 2005년 종교조사에서 개신교 어린이 수가 1,843,748명이다. 물론 0세에서 12세 까지의 수치이다. 그러면 9년이 지난 지금은 7에서 12세까지의 초등학생 기독교 신자는 약 70만명의 어린이가 기독교 인구라 할 수 있는 것이다. 아~ 70만명의 어린이… 우린 기독교인이 아직도 1,200만명이라고 착각하고 있는데…. 그 수치의 17배가 낮은 70만명의 어린이가 고작 교회학교에 출석하고 있는 것이다. 아이고 이걸 어떡하나….

하나님이 세상을 이처럼 사랑하사 독생자를 주셨으니 이는 그를 믿는 자마다 멸망하지 않고 영생을 얻게 하려 하심이라. 하였다. (요한복음 3:16)

교회학교의 최대 사명은 영혼구원이다. 참으로 분명한 그 어떤 대안 없이 이대로 가면 2050년 이후에는 전국 대부분 교회에서 교회학교 아이들의 분포가 5~10% 미만이 될 가능성이 크다. 그렇게 되면 장년의 60~70%는 55세 이상 은퇴자와 노

부평 갈보리교회 홀리키즈 담당
진길창 강도사의 학교 앞 골목 전도 장면

인이다. 가히 충격적이고 끔찍한 인구 구성이 교회 내에서 나타날 수 있다는 것이다.

70만 명이라고 기죽을 필요가 없다. 초등학생 350만명 중에 70만…아직 복음을 전혀 듣지 못한 어린이가 280만명이다. 상상외로 많지 않은가? 다시 전도를 시작해야 한다. 더욱 더 적극적으로 어린이 전도에 힘을 쏟을 때가 지금이다. 바로 이번 주에 전도하러 나가자.

(2) 내면적 위기

숫자적 위기를 몰고 온 주범이 바로 내면적 위기란 걸 알고 있는가? 숫자적 위기보다 더 위험한 위기는 바로 내면적 위기라는 것이다. 우리는 습관적으로 교회학교의 위기를 아래와 같은 말로 들먹인다.

"출생률이 감소되어 어린이들이 교회학교에 급격히 줄고 있다."

"어린이들이 학원에 가느라 시간이 없다."

"옛날의 정서와 문화가 달라져서 어린이들이 바쁘다."

"전도가 잘 되지 않는다. 여름성경학교를 해도 예전처럼 잘 모이지 않는다."

예를 들어 보자. 30년 전 그렇게도 수많은 어린이들이 여름성경학교에 교회로 몰려왔다. 그런데 어떻게 되었는가. 그 많은 어린이들을 다 잃어버렸다. 정문으로 들어와 선물 과자, 티셔츠만 받아들고 뒷문으로 다 빠져 나갔다. 그 아이들이 믿음 안에서 잘 양육되었다면 700만이라는 위기적 숫자는 나오지도 않았을테고 3천만 명이 넘을 것이다. 정말 기가막힌 일이 아닌가!

현재의 교회학교 시스템은 내면적 위기로 다다르게 하는 〈소를 잃는 외양간 구조〉를 가지고 있다. 따라서 전도 이전에 긴급히 수선할 일이 있는데 바로 소를 잃는 외양간을 고쳐야만 할 것이다. 그러기 위해서는 거룩한 예배가 먼저 구축 되어야 한다.

교회학교에 나왔으면 자연히 찬양에도 익숙해져야한다. 찬양만큼은 정말 잘 드려야 한다. 하지만 작금의 우리네 어린이들은 절망적 신앙의 저하현상을 나타내고 있다.

찬양도 안되고 기도도 안되고 예배도 안되는 어린이들 바로 이 구조가 〈소를 잃는 외양간 구조〉라는 것이다. 그러기에 교회학교의 진정한 위기는 바로 이 내면적 위기라는 것이다. 이 원인이 지금의 70만 기독어린이의 수를 만든 것이다. 다른 탓이 아니라.

하지만 교사들은 이런 상황에 대해 어떻게 대처 했는가? 이 "소를 잃는 외양간" 구조를 고치기보다는 더 많은 간식, 더 즐거운 프로그램, 더 많은 선물을 주려고 노력하였다… 아이들의 믿음은 점점 더 곤두박질치는데 그나마 교회로 안나올까봐 걱정했는지 더 많은 걸 자꾸 어린이에게 주었다.

예를 들어 보자. 구원받으려고 교회에 왔는데… 어린이들이 예배시간에 시끄럽게 떠든다. 처음 온 어린이는 매우 놀란다. "아니 애들이 정말 하나님을 믿는 애들이 맞나?" 하고 말이다. 기도시간에는 더 놀란다. 고개 숙이고 눈감고 있다가 하도 떠들어서 눈을 떠보니 자기만 감았었음을 알았다. 참 기가막혀… 눈을 떠보니 얘도 떠들고 쟤도 떠들고 선생님도 왔다 갔다 하고…. 그 아이는 앞으로 웬만해선 기도시간에 눈을 감지 않을 것이다. 본래는 어떻게 해야 할까? 그렇게 하는 것이 아니라 혹 기도하다가 눈을 떴을 때, 옆에 어린이들이 예수님처럼 기도하는 모습을 보고… "아이고 큰 일 날뻔 했네… 다시는 기도시간에 눈을 뜨지 말아야지…" 해야 하는것이다.

어떤 생각이 드는가? 이래도 출생률 감소가 교회학교 인구 감소의 원인이라 생각하는가? 기존의 교회학교의 시스템을 은혜 시스템으로 전환하지 않는다면 지금보다 더 급속도로 교회학교가 텅텅 비게 되는 참담한 미래를 맞이하게 될게 불 보듯 뻔하다. 그럴 수 없는 것이다.

예수께서 대답하여 이르시되 진실로 진실로 네게 이르노니 사람이 거듭나지 아니하면 하나님의 나라를 볼 수 없느니라. 하였다. (요한복음 3:3)

교회의 본질은 인간 구원이다. 이런 저런 교육이 아니다. 비전센터를 짓고 최고급 시설과 학교 교육인프라를 가지고 있어도 절절매고 있다. 다니시는 교회의 교회학교 예배 시스템의 회복을 위하여 기도하자. 예수님 만나는 예배, 아벨의 예배, 지혜를 받았던 솔로몬의 예배를 어린이들이 드리게 하자. 다른 방도가 없다. 예수님을 만나 본 아이들은 절대로 교회를 떠날 수 없고 세상 문화에 결코 쉽게 휩쓸리지 않는다. 사춘기 전에 예수님을 만나 거듭남의 확신을 가지게 해야 한다. 이것은 선물 공세보다 다양한 간식보다 우선되어야 하고 시행착오 없이 이루어져야 하는 최고의 선물은 바로 거룩한 예배이다.

〈어캠〉에서 기도가 열리는 어린이

우리는 할 수 없다. 우리의 지식과 경험과 재주로 불가능하다. 성령님께 사로잡히면 된다. 성령님에 의하여 움직여지는 어린이가 되면 된다.

1907년 장대현교회에 불어 닥친 성령의 바람이 불어오면 가능하다. 하나님의 영이 교회학교에 임하면 부흥이 일어난다.

(3) 선물이 아닌
은혜가 평생 간다.

이렇게 숫자적 내면적 위기가 온 것은 교회가 교회로서의 본질을 잘 감당하지 못한 결과이다. 교회나 교회학교나 그 원초적 본질은 영혼구원인데 교회학교가 그 본래적 사명을 감당하지 못했기 때문에 이렇게 숫자가 감소되었고 교회에 잘 다녀도 믿음이 잘 자라지 않는 구조적 문제가 있다는 것이다.

떡과 복음이라는 말이 있다. 교회가 세상에 대하여 그들이 원하는 떡에 대한 응답과 하나님께서 인간에게 주시고자 원하시는 복음을 형평성 있게 주어야 한다. 그런데 안타깝게도 교회학교는 어린이들의 요구, 그러니까 하나님의 시점보다는 어린이들의 시각에서 반응한 것이 지금의 쇠퇴하는 교회학교 시스템을 만든 장본인이다. 아이가 원하는대로 해 주는 것이 아니라 하나님께서 그 아이에게 원하는 복음을 주는 것이 바로 교회학교이다. 잠깐만 우리 스스로를 돌아보자.

그렇게 많이 어린이들에게 그들이 원하는 것을 준다고 정작 그들이 교회학교에 찰떡같이 정착하였나? 절대 그렇지 않다. 이미 우린 당했다. 시행착오를 겪었다. 그럼에도 계속해서 미련을 버리지 못하고 뭘 주지? 어떤 선물이 좋을까? 고민한다면 차라리 그 시간에 기도실에 가서 한 영혼 한 영혼을 품고 기도하는 것이 더 나을 것이다. 어린이들도 영적 존재이다. 잘 모르는 것 같이 행동하지만 어린이들도 자신의 영혼을 안다. 그러기 때문에 찬양과 기도 예배를 통하여 은혜를 받을 때 진정한 정착을 하기 시작한다는 사실을 인지하자는 것이다.

어릴 때 받은 선물이 평생 가는 것이 아니라 어릴 때 제대로 한번 받은 은혜가 평생가고 그 은혜가 그의 인생을 좌우하게 된다.
대부분의 교회에서는 어린이들의 예배는 주일 아침예배를 1회 드린다. 일주일에 딱 한번이라는 것이다. 그것도 제대로 준비되지 못한 채 해치워 버리는듯한 어린이 주일아침예배에서 어떻게 어린이들이 하나님의 임재를 맛볼 수 있는가? 어찌 마음을 쏟는 기도를 하나님께 드릴 수 있으랴!

〈어캠〉에서 기도가 열리는 어린이

주일 오전예배 상황을 잠시 들여다보자.

시장통 같은 분위기에서 얼른 예배드리고 집으로 돌아가야지 하는 아이들을 앞혀 놓고 무감동 무은혜로 40여분을 보내는 경우가 허다하다. 이러고도 기존의 예배구조를 고치지 않겠는가? 그러기에 교회학교의 예배를 보다 철저하게 준비해야 한다. 지금의 시스템으로는 어린이들이 쉽게 주님을 만난 일이 없다. 열심히 준비하고 예배를 기도로 세팅해야 하나님의 은혜가 소낙비처럼 내린다. 성령 충만하도록 하나님의 임재를 맛볼 수 있도록 준비하자.

하나님은 철저하게 예배를 통하여 어린이들을 만나 주신다. 기도를 통하여 찬양을 통하여 만나 주신다. 시편 22편 3절에 "이스라엘의 찬송 중에 거하시는 주여"라고 기록되어 있다. 찬양 중에 임하시는 성령님을 어린이들이 만나게 해야 한다.

요즘 캠프의 르네상스 시대라 한다.

여름성경학교 보다 캠프를 더 선호할까? 왜 그럴까? 성경학교에서는 변하지 않던 애들이 캠프에 가서는 놀랍게 변화되고 무엇보다도 기도가 열리고 찬양의 능력을 얻고 예수님을 만난다는 것이 이런거구나를 몸소 체험하기 때문이다. 성경학교도 중요하다. 체계적인 주제 아래 지속적인 교육과 활동으로 다양한 지식을 얻게 되니까. 하지만 올 해는 캠프에 도전해 보라. 아이들이 진짜 변한다.

너희는 그 은혜에 의하여 믿음으로 말미암아 구원을 받았으니 이것은 너희에게서 난 것이 아니요 하나님의 선물이라 하였다. (에베소서 2:8)

〈어캠〉, 현대성우리조트에서 첫날 기도훈련 장면

법원에 그려져 있는 접시저울처럼 어린이들이 즐거워하고 몰입하는 것을 50%, 하나님의 은혜를 50% 균등성있게 준다면 교회학교는 다시 부흥하게 된다. 아이들이 원한다고 매주 놀아주다가는 놀이방으로 교회학교가 전락하고 만다.

떡과 복음을 균등하게

2. 부흥하는 교회학교

(1) 무학년제의 특징

무학년제는 세계 최대 주일학교를 이룬 부산 동대신동 서부교회를 시작으로 천안 갈릴리교회, 거창중앙교회, 순천주성교회 등 부흥하는 교회학교의 빛나는 성경적 제도이다. 무학년제는 교회로서의 기능을 잘 감당하는 최상책의 제도이다. 우리는 그동안 학교라는 틀이 가져 온 폐해 속에도 교회학교를 하면 무조건 학급제로 가야 하는 줄 알았다. 누가 시켰는지도 모르게 다들 그게 좋은 줄 알고 그리하였으나 결과는 568% 교회학교가 문 닫는 말도 안 되는 형편으로 결말지었다.

근대 주일학교 운동의 역사에 있어서 최초의 주일학교 운동은 1780년 영국의 로버트 레이크스(Robert Raikes, 1736~1811년)에게서 발견된다.

선데이스쿨의 창시자 로버트 레이크스가 살던 18세기 영국의 빈곤층 어린이들은 공장이나 탄광에서 하루 16시간씩의 아동노동을 강요당했으며, 일요일에는 갈 곳이 없어서 거리를 몰려다니며 싸움하거나 욕지거리를 하였다. 이를 본 레이크스는 실력이 뛰어난 선생을 고용하여, 읽기 (성서를 읽기 교과서로 사용하였다.)와 기독교 교리문답 (Catechism)을 가르쳤다. 그러자 1831년에 이르러 주일학교 운동은 영국 전역에 퍼져서, 전 인구의 25퍼센트에 해당하는 백이십오만명의 어린이들이 주일학교에 다니는 기적을 창출했다. 나중에 주일학교 운동은 영국 공교육의 기초가 되었다. 그만큼 로버트 레이크스의 교육열정은 시대에 남는 역사를 만든 것이다.

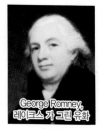

George Romney, 레이크스 가 그린 유화

마땅히 갈 곳이 없이 빈둥거리며 골목 골목마다 노는 어린이들. 마땅히 공부할 곳이 없어 무식한 채로 어린이시절을 보내는 어린이들.

어린이들끼리 욕지거리나 하고 쌈박질이나 하는 어린이들에게 로버트 레이크스의 가르침은 자연적으로 부흥할 수 밖에 없는 접촉점이었고 로버트 레이크스는 이 접촉점을 바탕으로 하나님의 말씀을 가르치고 그들을 주님 앞에 세우는 일에 성공을 한 것이다. 그러면서 이 학교라는 시스템이 한국교회에도 자연스럽게 영향을 준 건 사실이다.

그런데 학교 시스템의 한국교회 운영의 결과는 실패다. 학교 시스템은 시설, 인적 자원, 교재의 삼요소를 충분히 갖춰도 목적 달성이 쉽지 않다. 더 나아가 교회는 학교처럼 그 무언가를 가르치는 기관이 아니라 인간을 구원하고 하나님의 자녀로 그리스도의 장성한 분량으로 키워 나가는 영적 기관 교회 그 자체이다.

모든 시설, 교원자격증을 갖춘 대학 이상 학력의 교사들 그리고 체계적이라 만든 교과서를 거의 완벽히 가추고 있는 학교도 그 정체성을 찾지 못해 장관이 바뀔 때 마다 정책이 바뀌고 결과를 창출해 내지 못하고 있다.

무학년제는 바로 이 부분을 모두 한번에 날려 버린다. 하나님의 자녀들의 공동체를 형성해 주는 것이 바로 무학년제의 특징이다. 교회는 정확하게 3월에 개학하여 7월에 방학하지 않는다. 3월에도 새신자가 들어오고 5월에도 7월에도 들어온다. 따라서 구원받은 아이, 아직 구원받지 못한 아이에 대한 차이만 있을 뿐이다. 그러므로 무학년제는 관리와 양육, 신앙교육에 확실한 시스템으로 확대되고 있는 것이다. 필자가 10개월 목회한 광주 새희망교회도 유년부 초등부 소년부로 구성되어 있던 것을 교육관 건축을 깃점으로 무학년제로 재 편성하여 한국교회의 모델적인 어린이교회로 달려 가고 있고 현재 목회하고 남서울비전교회 키즈처치도 〈무학년제〉로 놀랍게 부흥하고 있다.

(2) 초등학교와 어린이교회의 차이 그리고 평생교사제

초등학교는 사전적 정의는 "공부할 나이에 이른 아동에게 생활에 필요한 기초적인 지식을 가르치는 교육 기관"이라 명시한다. 하지만 교회에 기관인 교회학교는 "신도들에게 종교 교육을 하는 모임. 특히 어린아이들을 대상으로 하는 것을 이른다"라고 설명하고 있다.

어린이교회는 기존의 교회학교의 틀을 벗어나 어린이에 대한 전문성을 갖추자는 의도에서 명명되는 것으로 키즈처치, 꿈땅, 예터, 하늘정원 등등으로 여러 가지 이름이 붙여지고 있다.

남서울비전교회 키즈처치
무학년제 예배 모습

이 지면에서 초등학교와 어린이교회의 분병한 차이점을 찾아봄으로 어린이교회의 사명을 보다 더 잘 감당하게 되는 길을 찾아보자.

초등학교는 국어를 비롯한 다양한 기초학문을 공부할 나이에 다다른 어린이에게 가르치는 교육기관이라 했다. 어린이교회는 분명히 초등학교와는 다른 존립 목적을 지니고 있다. 이렇게 교회학교와 초등학교의 차이점을 분석하는 것은 어린이교회가 학교처럼 그 무엇인가를 자꾸 가르치는 행위로 백여년을 지내 온 것에 대해 경각심을 갖기 위함이다.

교회학교의 사전적 정의가 "신도들에게 종교교육을 하는 모임"이랬다. 신도도 안 되었는데 교육만 열심히 한다고 그 어린이가 신도가 되는 길이 있을까? 신도가 된다는 것은 거듭남이 우선이요. 죄 사함이 먼저요, 성령세례가 임해야 신도가 된다는 것이다. 신도를 만들지 못한 채 교육한 그 결과 교회학교를 수개월 수년 다녀도 하나님 인식도 못하고 있고 기도는 더 못한다. 그 쉽고 반복되는 어느 예배도 하나님의 마음에 흡족한 아벨의 예배를 드리지 못하는 현실이다.

그러기에 최선의 전도는 밖에 걸어 다니는 어린이들을 전도하는 것이 아니라 이미 교회학교에 출석하고 있는 어린이들에게 찬양 기도 예배를 정말 잘 할 수 있는 어린이로 세우는 것이 최고의 전도요 적극적인 의미에서의 전도라 계속 말씀 드리는 것이다.

아무리 많은 어린이들을 전도하여 교회로 데려 온들 찬양도 제대로 안하고 기도 하나 못하고 예배도 경건치 못하고 하나님의 임재를 느끼지 못하는 구조인데 어찌 정착이 되겠고 어찌 영적성장을 말할 수 있겠느냐 말인가?

놀이터 전도의
한 장면

그래서 작금의 교회학교를 재정비하고 그 사명을 바르게 감당하기 위해서는 어린이부흥회가 해답이라 과감히 말씀 드린 것이다.

이를 위한 어린이부흥회는 짧은 시간에 찬양과 기도 그리고 예배에 대한 태도 자체가 확 달라진다. 무엇보다도 성령세례가 조기유학처럼 조기에 나타나면 그만큼 어린이들이 허송세월을 하지 않게 된다. 또 쉽게 죄악에 물들지 않는다. 어리지만 삶의 기준이 그 중심이 말씀이요. 하나님이 되는 까닭이다. 그렇게 된 신자에게 분반공부가 필요한 것이고 종교교육이 섬세하게 시도되어야 하는 것이다.

기도도 안 되는데 무슨 종교교육이 가능하며 찬양하나 제대로 부르지 못하고 하나님의 임재를 찬양 속에서 맛보지 못하는데 어찌 말씀이 그 귀에 꽂히겠는가. 초등학교처럼 가르치는 것만으로 어린이가 구원을 경험하고 영적성장을 맛보고 믿음이 그야말로 쑥쑥 자란다면 당연히 교회학교의 모든 시스템을 초등학교시스템으로 갖추어야 한다. 하지만 그게 실패작이라는 걸 통감하고 있지 않은가. 그러므로 이제 교육적 행위를 멈추고 진정으로 모든 교사와 성도들이 교회학교에 출석한 어린이들이 정상적인 신앙생활을 할 수 있는 바탕을 만들어 주고 포도나무인 예수님께 가지로 붙게 하는 역사를 하나님께 구해야 하는 것이다.

자신의 재능을 맘껏 개발하여
댄스팀으로 쓰임받는
워십팀 SB

나는 포도나무요 너희는 가지라 그가 내 안에, 내가 그 안에 거하면 사람이 열매를 많이 맺나니 나를 떠나서는 너희가 아무 것도 할 수 없음이라 사람이 내 안에 거하지 아니하면 가지처럼 밖에 버려져 마르나니 사람들이 그것을 모아다가 불에 던져 사르느니라 너희가 내 안에 거하고 내 말이 너희 안에 거하면 무

엇이든지 원하는 대로 구하라 그리하면 이루리라 너희가 열매를 많이 맺으면
내 아버지께서 영광을 받으실 것이요 너희는 내 제자가 되리라 (요한복음 15:5)

초등학교와 교회학교는 근본적으로 그 목적이 다르다. 교회학교는 이제 더 열심
히 어린이에게 성령을 받게 하고 찬양 기도 예배에 전문가가 되도록 일으키고 세
워야 한다. 그 때 비로소 진정한 부흥이 시작된다. 그 시스템 중심에 바로 평생교
사제가 있는 것이다. 한 해 맡았다가 그 다음에는 훅 버리고 또 다른 아이들을
맡는 그런 무책임한 제도가 아니라 한번 맡았으면 천국 갈 때까지 함께 성령님의
인도를 따라 같이 살아가는 것 바로 그 직무가 평생교사제이다. 이를 탄탄히 하
려면 모든 교사의 수준을 평준화하는 교사대학과 다양한 연수 그리고 주기적
교육으로 교사의 질을 높이면 된다. 또한 교사 스스로도 자신을 훈련해 나가고
신앙을 든든히 세워 나가야 한다. 자기 신앙도 제대로 세우지 못해 비틀거리는
것이 아니라….

(3) 교사 임명기준과 직무

교회학교에 다시 일어나야할 부흥. 하나님의 불이 교회학교에 떨어져야 한다고 기도한지 수년이 지나고 있다. 유능한 교사가 없어 고민하는 이 때 그래도 하나님께서 세우시는 교사를 성도 가운데에서 잘 뽑아 부흥의 핵심이 되게 하는 일이 바로 담임자의 첫 번째 책임이다.

기독교교육학에서 부흥하는 교회학교를 제시할 때 보편적으로 4가지 기둥을 주장한다. 첫째 기둥은 예산, 둘째 기둥은 프로그램, 셋째 기둥을 시설 그리고 네 번째 기둥을 교사라 한다.

부흥이 아닌 감소를 향해 곤두박질치고 있는 한국교회 상황 속에서 이 네 가지 기둥을 모두 완벽히 갖춘 교회학교는 극히 드물다. 시설이 좋으면 프로그램이 부실하고, 프로그램이 좋으면 예산이 뒷받침 안되고. 그러나 결코 기울거나 모자라면 안되는 건 바로 교사이다. 아무리 예산이 펑펑 쏟아지고 시설이 좋고 또 완벽하여도 미헌신된 교사가 있다면 그 교회학교는 부흥할 수가 없다는 것이다. 결국 사람이다.

헌신되고 열정적인 교사가 양을 잘 치게 된다.
〈어캠〉 장면

그런데 대부분의 교회가 교회학교 교사 임명에 상당히 큰 곤란을 겪는다. 사람이 없다는 것이다. 그러다 보니 억지로 혹은 반 강제로 교사를 선발하고 임명하는 경우도 있는데 이런 경우는 거의 다 임명 후에도 교사로서의 제 역할을 하지 못하고 차라리 뽑지 말았으면 하는 후회에 빠지게 된다.

그러면 어떻게 하면 좋은 교사를 발굴하고 또 임명할 수 있을까?

가장 좋은 예로는 바로 우리 예수님의 열두제자 간택 원칙에서 찾아야 할 것이다. 예수님은 사역을 위해 사도 열둘을 뽑으셨다. 사도란 말은 그리스어(語) '아포스톨로스(apostolos)'에서 유래하는데, 이 말은 '보냄을 받은 자', '대리자'라는 뜻을 가지고 있다. 사명이 있는 자를 교사로 뽑아야 한다는 설명이기도 하다. 12사도는 우리가 잘 아는 바와 같이 베드로, 베드로의 동생 안드레, 야고보, 요한, 빌립, 바돌로메, 도마, 마태, 알패오의 아들 야고보·다대오, 혁명당원인 시몬, 그리고 예수를 판 가룻 사람 유다인데 후에 가룻유다가 없어지자 맛디아를 선택하여 12제자 중에 넣었다.

이 때 예수님은 사도를 뽑을 때 자격을 셋으로 구분했다.

첫째, 주 예수를 친히 뵈온 자 그러니까 예수님을 만나 거듭난 사람 중에서 임명해야 한다는 것이다.
두 번째는, 부활하신 주를 경험한 사람이라 했는데, 이것은 부활신앙으로 신앙이 확고한 사람을 의미한다.
끝으로, 그 증인이 될 수 있는 사람이어야 한다는데 결국 증인으로 살아야 한다는 결심과 헌신이 된 성도 중에서 교사를 뽑아야 한다는 것이다.

즉, 아무리 교사할 사람이 교회에 없어도 억지로 뽑아야 도움이 안되니, 예수님을 만났다는 확신이 있는 거듭난 자를, 부활하신 주님을 체험한 체험신앙인 중에서 그리고 예수님의 증인이 되어 그 분을 전하겠다는 믿음의 결단이 서는 분을 교사로 뽑아야 교회학교가 부흥한다는 것이다.

물론 온 교인은 바로 이 기도제목을 가지고 이에 합당한 교사가 선출되기에 힘 모아야 좋은 교사가 세워진다. 그리고 어린이교회로서의 교사의 직무는 영적부모로서 맡겨진 양을 거듭나게 하고 즉, 살리는 일이 최고의 사명이다. 그리고 다른 하나는 그리스도의 장성한 분량의 사람으로 길러내는 일 즉, 키우는 일이다.

또한, 한번 교사가 되면 최소 6년을 담임해야 맡겨진 아이의 영적 상태를 제대로 관찰하고 양육할 수 있다. 영적부모로서의 교사가 다시 교회학교를 부흥시키는 주춧돌이다.

(4) 키즈처치 영적부모로서의 교사 강령

쓰임받는 교회학교 교사가 되려면 과연 어떤 교사 이어야 할까?
키즈처치 교사 강령을 공개한다

1. 사명선언문

나는 교사를 하기 위해 역사적 사명을 띠고 이 땅에 태어났다.
언제나 하나님을 의식하고 내 중심에 내게 맡겨진 어린 영혼들이 있다.
이들은 예수 그리스도의 사랑으로 내게 주어진 영적인 자식들이다.
성경적세계관을 품고 하나님의 영광을 위해 살게 하는 것이 내 삶의 모든 것이다.
할렐루야!

2. 영적부모로서의 일주일

• 주 일 : 10:50~12:50은 하나님의 시간이다. 양떼를 살피고 양육하는데 모든 역
        량을 쏟아 붙는다.
• 월~금요일 : 잠자 기 전 5분~10분 양떼들을 기도로 살핀다. 또한 틈을 내어 전
        도한다.(등교 길 전도, 하교길 전도, 길거리 전도, 엘리베이터전도 등)
• 토요일 : 아이들과 통화하거나 심방하고 천국암호, 공지사항, 내일 주일 출석
        확인, 기도제목을 살핀다.

3. 직무

a. 부장을 구심점으로 모든 행정에 순종하고 매 주 주일보고서를 꼼꼼히 작성하여 부장께 제출한다.

b. 어떤 영혼이 나에게 맡겨지던지 나는 3개월 안에 그 아이가 예수님을 만나도록 하나님께 기도하고 예수님을 영접시킨다.

c. 양떼들의 찬양, 기도, 말씀, 전도 생활을 돌보고 지속적인 기도생활을 챙긴다.

d. 3명에서 12명으로 G12를 달성하도록 전도하고 부장께 양떼를 인도받고 섬긴다.

e. 성경적 세계관을 품은 아이로 반목회에서 멘토하고 기도한다.

f. 영혼을 잃지 않고 평생에 내 양으로 품고 성령님께 맡긴다.

4.새 친구관리 메뉴얼

a. 새친구 접수처(2층 목회연구실)에서 〈등록카드〉를 꼼꼼히 작성시킨다.

b. 반배정이 되면 등반되도록 부장과 소통하며 아이를 양육하고 관리한다.

c. 등반이 되면 예수 그리스도의 장성한 분량(엡4:13)으로 반목회에서 말씀과 믿음을 품게한다.

우리가 다 하나님의 아들을 믿는 것과 아는 일에 하나가 되어 온전한 사람을 이루어 그리스도의 장성한 분량이 충만한 데까지 이르리니 (에베소서 4:13)

5. 반목회 매뉴얼 (소요시간 10분~15분)

a. 양떼 돌봄 타임 : 둘러 앉아 작은 교회를 구축한 후 일일이 이름을 부르며 출석, 성경읽은 수, 인도, 10분기도, 학교생활, VIP관계, 가정생활, 특별한 기도제목 등등을 살핀다.(재미있게 화기애애)

b. 말씀 리뷰 : 예배에서 들었던 설교를 상기시키며 어떤 내용에서 하나님의 음성으로 들었는지 확인한다. (매우 중요, 진지해야 해요. 목회자로서의 영적 권위를 품고)

c. 문제 풀기 : 주보에 있는 말씀 리뷰를 함께 푼다. (관심이 필요한 아이부터 웃으며 질문한다)

d. 마무리 : 주요 광고와 공지를 나누고 주기도문 한다.

6. 정기 모임

a. 교사세미나 : 전반기 12시간, 후반기 12시간 1년 24시간 이상

b. 교사리바이벌 매주 10:50~11:10

c. 교사 MT : 전반기 1회, 후반기 1회

d. 영성콘텐츠 참석 : 여름캠프 1회, 겨울캠프 1회, 산상기도회 2회

7. 키즈처치 교사 기도제목

a. 하나님 아버지! 한국교회 교회학교의 영적인 부흥을 주셔서 다시 부흥케 하소
서!

b. 남서울비전교회의 교회 속에 교회, 키즈처치를 축복하소서! 놀라운 부흥을 주
소서!

c. 담당목회자와 총부장, 부장, 부서 교사를 위해 기도합니다. 영적 능력과복을
부어 주소서!

d. 내게 맡겨진 아이가 매 시간 예배자가 되게 해 주시고 세계적인 인물이 되도록
인도하여 주소서!

3. 거룩한 예배

기독교가 추락하는 사이에 하나님은 대한민국 교회학교 부흥의 끈을 놓지 않으셨다. 그 증거가 바로 "캠프의 르네상스화"이다.

2017 〈어캠〉 엽서 전단

1996년 7월에 국내 최초로 시작된 어린이전문영성캠프 "어린이은혜캠프", 1997년에 개최된 "꽃동산캠프"에 수천여명의 어린이가 참석했다. 중고등부와 청년부는 더 그 붐이 일고 있다. 청소년 캠프가 1997년부터 시작되었는데 현재는 회차당 일천여명이 모이는 청소년 캠프가 "오병이어", "주바라기" 등 몇 개의 단체가 쓰임받고 있다. 하나님께서 다시 한 번 교회학교의 부흥에 기회를 주시는 것이다.

한국의 기독교는 이미 1907년 평양대부흥을 깃점으로 지금의 폭발적인 부흥의 교회가 되었다. 하지만 유독 교회학교는 교육이라는 미명 아래 역사적으로 성경적으로 증거가 드러난 영성운동을 통한 부흥의 방법을 시도조차 하지 않고 있었던 것이다. 이러고 있는 즈음에 하나님께서는 어린이캠프를 통하여 그 불씨를 피어내고 계셨던 것이다.

개 교회에서는 맛보지 못하던 성령의 은혜를 캠프, 수련회에서는 맘껏 체험하고 있다. 이제 그 위대한 하나님의 은총을 어린이들에게도 개체교회에서 경험하게 해 주는 것이 필요하겠다. 그 콘텐츠가 바로 PPW IN JESUS~! 자신있게 소개한다. 거룩한 예배로 어린이들도 하나님께 나아가게 한다.

(1) P = PRAISE (찬양)

P = Praise

어린이들이 교회학교의 다양한 프로그램 중에서 가장 자연스럽고 편하게 느낄 수 있는 콘텐츠가 바로 "찬양"이다. 하지만 작금의 교회학교에서의 찬양은 시간적으로나 내용적으로 형식적인 노래를 부를 수밖에 없게 되어 있다.

〈어캠〉에서
찬양하는 SB 찬양팀 어린이들

(1) 시간 편성을 10분 15분에서 30분으로 늘려라.

우선, 시간적으로 충분한 성령의 임재가 나타나는 찬양으로 들어가려면 어른 오
후예배나 금요철야 찬양의 시간처럼 20분에서 30분이 필요하다. 하지만 교회학교
에서의 찬양시간은 예배 전 10분에서 15분에 지나지 않다. 그런데 거창중앙교회를
탐방해 보니까 그 교회는 찬양만 40분을 하고 있었다. 그것도 대부분의 어린이들
이 자발적으로 뜨겁게 찬양에 몰입하고 있었다. 여느 교회학교와는 영 다른….

그러기에 어린이들이 하나님의 임재를 체험하는 찬양을 드리려면 시간편성을 먼저
최소 20~30분을 내고 내용적으로는 초등학교식 음악시간이 아니라 교회가 지니
고 있는 특수성인 찬양타임에 하나님의 임재 (이스라엘의 찬송 중에 계시는 주여
주는 거룩하시니이다. 시편 22:3)가 나타나야 한다.

(2) 교회학교의 찬양 수준 점검하기

대부분의 교회학교의 찬양은 그 수준을 평가할 때 세 단계의 찬양 수준을 가지고 있다.

> 1단계, **학교 음악시간 수준의 찬양타임** : 가르치고 배우고 율동하고 원숭이처럼 따라하는 수준에 머무는 것이다. 그 이상 그 어떤 것도 기대할 수 없는… 거의 시간 메꾸기 정도….
>
> 2단계, **싱얼롱 수준의 찬양타임** : 이것은 1970년대 교회의 문화가 되었던 "늘찬송하면서"(홍정표)식의 노래 타임을 의미한다. 통기타를 맨 리더가 "내게 강 같은 평화"를 부르면 모두 신나게 따라 부르던 상태가 바로 그것인거죠. 그 상태 위에 그 아무 것도 없는….
>
> 3단계, **경배와 찬양의 단계** : 하나님의 임재가 나타나는 찬양타임을 의미이다. 마치 어른들이 오후 찬양시간에 가슴의 뜨거움을 경함하고 눈물도 흘리는 은혜의 단계이다.
>
> **이 세 번째 단계가 어린이교회가 추구하는 어린이찬양시간의 목표이다.**
> **이것을 이루기 위해서는 최소한 아래 조치가 수반되어야 한다.**
> **거룩한 예배가 이 부분에서 출발한다.**

(3) 하나님의 임재가 나타나는 찬양은 이렇게

A. 찬양담담교사 임명

교사 수급의 문제가 어렵긴 해도 "찬양담당교사"를 선임해야 한다. 사모님이 직접 담당하시든 교사 중에서 선발하든 은사가 있는 한 분을 세워야 한다는 것이다. 그리고 훈련받아야 한다. 자신이 무던히 노력하고 항상 기도로 충만해야 한다.

하지만 일반 율동 교사는 그리 하지 않았다. 그래서 아무 역사가 나타나지 않았던 것이다.

찬양인도는 가창력만으로 되는 것이 아니고 학벌로 되는 것도 아니고 율동을 어마어마하게 잘한다고 되는 것이 아니다.

십계명을 캐릭터로
인도하는
강성민 총부장

물론 이 위대한 찬양의 세계가 완성되려면 여름성경학교 교사 강습회에서의 "노래와 율동 시간"이 먼저 바뀌어야 하는 문제도 있다. 원숭이 흉내 내듯이 몸짓을 답습하는 과정을 뛰어 넘어 하나님을 향한 몸짓 창작과 "하나님을 향한 뜨거운 고백이 몸짓과 노래 표현으로 이렇게 해야 한다." 하는 진정한 강습회로 변화해야 하는 것이다.

찬양이 그리 만만한 것이 아니다. 하나님은 그리 호락호락하신 분이 아니란 말이다. 진정성을 가지고 최선의 마음을 하나님께 드릴 때 그 위에 하나님의 은혜가 부어진다. 100% 하나님의 능력이 있어야 가능한 직책이 "어린이교회 몸찬양 교사"이기에 그렇다.

〈어캠〉에서의 찬양시간 활짝 열린 표정처럼 찬양을 통하여
영혼이 살아나는 어린이들 표정

B. 찬양이 살아나는 세 가지 지름길

첫째, 선곡의 비밀 : 곡속에 '하나님, 예수님, 성령님, 주님, 아버지'의 내용이 하나라도 들어 있지 않으면 과감히 빼 버려라.
'무슨 곡을 부를까?'는 좋은 찬양을 시작하는 문이다. 아무리 반주가 좋고 몸찬양이 좋아도 곡 선택에서 실패하면 그 시간은 하나님의 외면을 받는 시간이 될 수밖에 없다.

또한 기존 찬송가에서 놓치지 말 곡들이 많다. 144, 214, 300, 411 등등. 이제 여러분이 출석하는 어린이부서에서 찬양이 되는 것은 시간문제이다. 찬양은 불가능을 가능케 하고(여호수아 6:1-21), 찬양은 묶인 것을 풀어주며(사도행전 16:25-34), 찬양은 인간의 본분이다. (이사야 43:21)

어린이들도 맛(?)을 보지 못해서 그렇지 일단 찬양의 맛을 느끼기 시작한다면 찬양에 달려든다. 뜨거운 한 여름에 시원한 수박을 정신없이 먹듯이, 바람 몰아치는 겨울밤에 군고구마를 달콤하게 먹듯이 찬양으로 하나님께 붙잡혀 그 분 때문에 기뻐하고 그 분 때문에 울고 그 분 때문에 살맛을 찾는 생동감 있는 신앙생활을 누리게 되는 것이다. 상상만해도 흐뭇하고 신나지 않는가? 우리가 양육하는 어린이들이 하나님을 느끼고 눈물로 하나님을 찬양하는 것이 가능하다니 말이다. 사실 어른보다 어린이가 더 맑고 깨끗하기에 어린이들이 더 깊이 더 폭 넓은 찬양을 통하여 하나님과 교제할 수 있는 것이다.

1996년 7월 18일 어린이은혜캠프에서 있던 일이다. 집회를 인도하던 중 찬양을 인도하다가 문득 어린이들에게 질문했다. "어린이 여러분, 찬양과 노래가 같은 가요 다른가요. 아는 사람?" 이쪽저쪽에서 "저요! 저요!" 오른손을 높이 들고 소리쳤다. 마침 바로 앞에 있는 아이가 손을 번쩍 들었다. 어린이는 자신있게 대답하였다. "네, 노래는 그냥 부르는 거구요, 찬양은 하나님께 드리는거예요" 박수가 쏟아져 나왔다. 그 어린이는 찬양의 의미를 정확하게 말한 것이다. 말만 그렇게 한 것이 아니라 실제로 찬양 중에 자기 자신을 하나님께 드리려고 무척이나 애를 썼고 큰 은혜를 받고 있음을 역력히 볼 수 있었다.

그렇다. 찬양은 하나님과 잘 통하는 길인 것이다.

그렇게만 된다면 어떤 어린이가 찬양하며 왔다 갔다 하겠는가? 어느 교사가 지각하고 또 어린이도 늦장을 부리고 함부로 행동하겠는가. 하나님의 나타나심을 두 눈으로 목격하고 있는데 절대 그럴 수 없을 것이다. 오히려 어린이들보다 더 뜨겁게 적극적으로 하나님께 자신을 나타내고 있을 것이다.

이제 우린 이 사실을 안 이상 절대 그럴 수 없다. 하나님께서 지금 나를 보고 계시고 나의 찬양을 기뻐 받으시고 복 내려 주신다는 사실을 알고 있는 어린이로 우린 찬양을 통하여 세워야 한다. 찬양을 잘하는 교회학교, 결코 꿈만은 아니다. 그리고 우리 몇몇 사람의 희망사항으로 그쳐서도 안된다.

그러므로 이제 분명한 찬양의 틀을 세우라. 성령님께서 역사 해 주실 것이다. 교회학교가 진정으로 변화될 것이다. 마치 저 마가다락방에서 기도하던 120명의 사람들이 열흘 째 되던 날 불의 혀같이 갈라지는 성령의 임재를 느꼈듯이 말이다.

> **셋째, 서론, 본론, 결론의 논문의 단계같이 성막문, 성소, 지성소처럼 콘티를 구성하여 준비된 찬양인도를 해야 한다.**
> 논문을 작성할 때 기초적으로 서론 본론 결론이 있다. 어린이들의 찬양시간에도 서론 즉 도입부분, 본론부분, 결론부분 즉 하나님의 임재를 맛보는 시간으로 구성되어 있다.
>
> 이것을 가장 잘 이해 시켜 주는 것이 바로 성막을 비유한 찬양에 대한 설명이다.

논문을 작성할 때 기초적으로 서론 본론 결론이 있다. 어린이들의 찬양시간에도 서론 즉 인트로 부분, 본론 부분, 결론 부분 즉 하나님의 임재를 맛보는 시간으로 구성되어 있다.

이것을 가장 잘 이해 시켜 주는 것이 바로 성막을 비유한 찬양에 대한 설명이다. 서론은 이렇다.

성막 문을 스스로 열고 발을 성소 안으로 들여 놓지 않고는 지성소로 갈 수 조차 없다. 그러기에 서론은 성막문을 열고 성막 안으로 들어가는 상태를 비유할 수 있다. 빠르면서도 신나는 곡, 전주만 나와도 어린이들이 그냥 어깨가 들썩거리고 따라 부를 수 있는 곡을 선택하여 부르라. 감동적인 멘트나 간단한 예화도 어린이 스스로 찬양에 빠져들게 하는 힘이 있다.

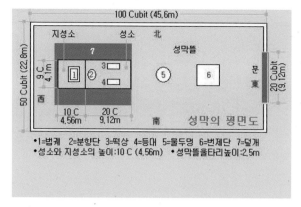

성막 평면도

본론에선, 번제단에 제물의 피가 뿌려지듯 예수 그리스도의 보혈을 의지하는 곡, 회개의 곡, 감동이 넘치는 곡을 선택해야 한다. 더 실제적 비유가 있다 아궁이 전법이다. 시골집에 가면 흙으로 만든 아궁이가 있다. 그 아궁이가 불을 붙인지 얼마간의 시간이 흐르면 벌겋게 달아 오르고 바로 그렇게 달아 오른 아궁이에는 그 어떤 생나무도 얼음이 대롱 대롱 달린 소나무도 지글지글 하얀 거품을 내며 나무가 잘 타 들어 간다. 바로 본론은 이렇게 찬양의 온도가 뜨거워져 가는 시간으로 성령님의 힘을 받아 만들어야 한다는 것이다.

어린이 찬양인도의 결론에선,

거기서 내가 너와 만나고 속죄소 위 곧 증거궤 위에 있는 두 그룹 사이에서 내가 이스라엘 자손을 위하여 네게 명령할 모든 일을 네게 이르리라. (출애굽기 25:22)

거기서 내가 너와 만나고 약속하신 하나님의 임재를 맛보는 단계이다. 이 지성소의 역사가 나타나지 않는다면 그건 찬양이 아니다. 그냥 서로 좋아하는 사람들이 모여 교제하고 노래하거나 그냥 노래방에서 신나게 노래한 것과 다를 바 없다.

그러므로 이제 어린이들로 하여금 지성소의 찬양을 드리게 하라. 어린이도 그렇게 하나님의 임재를 느낄 수 있다. 그나마 기도, 예배, 분반공부 등등에서 가장 쉽게 하나님을 느낄 수 있는 콘텐츠가 바로 "찬양"이다.

하나님의 임재를 느끼는
찬양을 어린이도 할 수 있다.
〈어캠〉 찬양시간 장면

선곡에서부터 가사 자체가 하나님을 높이고, 격찬하고 인정하는 가사의 곡을 쏟아 놓아 보자. 바로 그 때 하나님의 임재와 성령 충만함을 찬양자들이 체험하게 되는 것이다. 선곡이 매우 중요하다. 찬양이 열리면 기도, 예배는 그냥 터진다.

짧은 곡일 수록 좋고 반드시 가사의 끝이 하나님을 격찬하는 곡이어야 한다. 성 삼위하나님을 언급하지 않는 가사는 찬양 곡이 될 수 없다.

C. 더욱 깊은 찬양을 위한 해결점

① 자신이 출석하는 교회학교의 찬양의 수준을 엄밀히 파악하라.

초등학교 음악시간 수준인지 서로 교감이 오가고 교재가 넘치는 싱얼롱 수준인지 하나님의 임재가 가끔은 나타나는 수준인지…. 그 사실을 엄정히 받아들이고 어떻게 노래 수준에서 찬양 수준으로 격상시켜야 할지 교사 회의를 통하여 심도 있는 토크 시간을 나누며 진심어린 소통이 교사간에 먼저 이루어져야 한다.

② 찬양교사가 청년대학부라고 청년들이 좋아하는 곡을 선곡해선 안된다.

그런 경우가 꽤 많은데 찬양을 인도하는 쌤이 청년일 경우 자신이 좋아하는 어른 곡을 어린이들에게 적용하면 안된다.

곡의 예를 들자면, 성령이 불타는 교회, 로먼 16:19, 지저스 제네레이션, 부흥, 사명 등등 너무도 많다. 이런 곡들을 부르기에는 우리 어린이들이 너무 힘겨워 한다. 곡은 좋지만 어린이정서에 맞지 않는 곡 선택은 어린이로 하여금 찬양의 문을 여는데 불편을 초래한다.

이런 경우는 대부분이 그 찬양인도를 하는 교사가 청년일 때 나타나는 증상이기도 하다. 어린이들의 정서나 믿음의 수준은 가름하지 않고 자신이 은혜받고 좋아하는 곡을 선곡하였기 때문이다.

찬양이 되려면 단순성의 원리를 적용하고 찾아야 한다. 매우 쉬우면서도 전주만 들어도 어린이들이 그냥 따라할 수 있어야 좋다.

흥얼 흥얼 거리며 집에 돌아가고 또 교회에 올 때, 학교를 갈 때 입가에 맴돌게 하는 곡을 찾아야 한다. 그런 곡은 대부분 후렴구가 단순하다거나 보통 4줄 정도의 곡이다. 선택에 대해 예를 들면, 불후의 명곡, "좋으신 하나님"을 시작으로 "모든 이름 위에 뛰어난 이름" "나 주님의 기쁨 되기 원하네" "왕이신 나의 하나님" "하나님 아버지 고맙습니다" "나는 주의 화원에" "연못가에 자라는" 등등의 주옥같은 곡으로 하나님께 나가 보라.

③ 교사회의를 통하여 현재 교회에서 부르고 있는 곡들을 추리는 작업을 시도하라. 방법은 이렇다.

A4용지를 펴 놓고 교사들과 소신껏 써 보는 것이다.

1 우리가 잘 부르는(해당 교회학교) 찬송가(어른찬송가)
예수 나를 위하여, 나 같은 죄인 살리신, 예수께로 가면, 나의 사랑하는 책, 변찮은 주님의 사랑과, 은혜가 풍성한 하나님은 등등

2 우리가 잘 부르는 여름성경학교 노래
흰구름 뭉게뭉게, 대한민국을 전도하라 등등

3 우리가 잘 부르는 게임 송
싱글 싱글 싱글 싱글, 믿음의 조상, 참새 한 마리, 머리 어깨 무릎 발 무릎 발, 깊고도 넓도다, 정글 숲을 건너서 가자 등등

4 우리가 잘 부르는 어린이 찬송가의 곡
주 예수 사랑 기쁨 내 마음 속에, 사막에 샘이 넘쳐, 무화과나무 잎이 마르고, 아름다운 마음들이, 성령 충만을 받고서, Deep Down, 천국은 마치, 나는 나는 장난 꾸러기, 예수님 만나고 싶어요, 꿈쟁이 등등

5 우리가 잘 부르는 교제송
당신은 사랑받기 위해, 축복합니다, 주의 사랑으로 사랑합니다, 하나님께서는, 때로는 당신 앞에 등등

6 우리가 잘 부르는 경배와 찬양 복음성가
나 주님의 기쁨 되기 원하네, 주 사랑 주 능력, 모든 이름 위에 뛰어난 이름, 야베스의 기도, 사랑합니다 나의 예수님, 내게 강 같은 평화, 승리는 내 것일세, 우리 주의 성령이, 오직 성령이 너희에게 등등

7 우리가 잘 부르는 어린이 찬양
예배합니다, 성령님 이곳에, 코람데오, 성령님 내 안에, 피난처 예수님 등등

이것을 다 수합 해 본다.

그런 다음, 단순한 곡, 은혜로운 곡, 경배 곡을 간추려서 어린이들의 영성에 맞게 매 주일 적용하고 교사들이 적극적으로 찬양의 능력을 사모하면 찬양의 능력이 충만한 어린이들이 될 수 있다.
어느 새 찬양하며 눈물을 훔치는 아이들, 가슴에 뜨거움을 체험하는 어린이, 하나님의 신비한 임재를 체험하는 어린이들이 생기게 된다.

본서 맨 뒷장 부록에서 어린이들이 선호하는 곡을 살펴볼 수 있다.

(2) P = PRAYER (기도)

P=Prayer

정말 누구의 탓인지 몰라도 교회에 나온 어린이들로 하여금 기도에 익숙하게 만들지 못한 것이 정착의 실패, 인원 감소의 강력한 원인이다.

어린이들이 교회에 나온 지 수개월이 지나도 기도를 못한다는 것은 교회학교의 위기를 너무나도 여실히 보여주는 대목이다. 우리네 교회학교 어린이들이 기도를 못해도 정말 너무 못한다. 정말 이상하리 만치 기도를 못한다. 정말 안타까운 일이다. 더욱 가슴 아픈 일은 기도가 잘 안되는데도 그 처방을 내리지 못하는 교사들이다. 걱정 자체가 없으니 말입니다. 대부분의 교사들은 스스로 안위하는 경우가 허다하죠. "아직 어리니까 그럴거야. 조금 있으면 언젠가 잘하겠지!" 그 언젠가를 기다리다가 마귀가 다 채어 가면 어떡하나?

누구든지 나를 믿는 이 작은 자 중 하나를 실족하게 하면 차라리 연자 맷돌이 그 목에 달려서 깊은 바다에 빠뜨려지는 것이 나으니라 (마태복음 18:6)

언젠가 잘되겠지 하는 사람들 치고 정말 잘하는 경우가 있는가? 어린이부흥회에 가면 가끔 나는 어린들에게 물어 본다.

"여기 교회에 나온 지 6년 지난 어린이? 가만 들고 있어 봐요. 그래 많구나, 5년 지난 어린이? 4년 지난 어린이? 일년 지난 어린이?", "그럼 자신 있게 지금 기도할 수 있는 어린이는 손을 내려봐요. 아니 일년이나 넘게 교회에 나왔는데 기도를 못해요? 6년이나 넘게 출석했는데 기도를 못해요?" "그럼 이번 부흥회에 기도 잘하고 싶습니까" "큰 소리로 아멘 해 보세요" "기도를 잘하고 싶어요?" "아멘"

그렇다. 교회에 출석한지 오래된 아이들도 기도를 자신 있게 못하는 것이 지금 우리 주일학교의 현실이다. 아무리 성경을 잘 알면 뭐하는가? 아무리 아브라함을 알고, 모세를 알고, 베드로를 알면 뭐하는가. 기도를 못하는… 오히려 그건 잘 몰라도 기도를 잘하는 어린이가 장래에 소망 있는 인물이다. 하나님의 주목을 받고, 하나님이 사랑하시는 어린이가 되는 것이다.

기도시간은 교사도 이렇게 손을 모아 기도한다. 〈어캠〉 교사반 장면

(1) 기도를 가르쳐라.

기도는 기도자의 사모함과 훈련의 결과이다. 할수록 더 잘되는 것이 기도이다. 그런데 주일학교에서 어린이들에게 기도를 안 가르친다. 기도를 가르친다는 것이 쉽지 않아 보이는 모양이다. 그 결과로 어린이들이 생명력이 없다. 예배 시간에 잘 떠든다. 대부분 눈을 뜨거나 자기 맘대로 움직인다. 도대체 기도시간을 힘들어 한다.

분명히 명심하자. 어린이가 기도를 하지 못하는 것은 그냥 기다려야 할 일이 아니다. 상당히 그 아이에게 위기임을 알아야 한다. 그 아이의 영적인 상태를 고스란히 알려 주는 것이다. 어린이가 사실 예배 시간에 기도시간에 떠드는 이유는 프로그램이 좋지 않아서 어린이들이 떠드는 것이 아니다. 아직 예수님을 만나지 못해서 떠드는 것이다. 돌직구를 날리는 표현을 쓴다면 영혼이 살아나지 못해서이다. 구원받지 못한 증상이 기도하지 못하는 것이니까.

이렇게 기도를 가르쳐라.

기도의 정의, 자세, 순서

기도의 정의

기도는 영의 호흡이며 하나님과의 대화라는 사실을 가르쳐 주어야 한다.

기도의 자세

모든 것은 자세가 있다. 식사하는 것, 잠자는 것, 일하는 것, 기도도 자세가 있다. 일단 두 손 모으고 고개 숙여야 기도가 된다. 이것을 어린이들이 놓치게 되면 기도가 안된다. 딴전을 피우게 된다. "두 손을 예쁘게 모아 정성스럽게 가슴 앞에 모으고 겸손히 예수께 감사하듯 고개를 숙이세요"라고 분명하게 기도 자세를 가르쳐 주어야 한다. 새 친구가 와도 매한가지이다. 알려 주어야 하고 휴대폰도 교사가 예배 시간만큼은 압수(?) 해야 한다. 그 어린이의 영혼의 집중을 위하여 말이다.

기도의 순서

기도는 순서가 있다. 하나님 앞에 드리는 기도가 순서도 없이 중언부언할 수는 없다. 물론 교사도 이 순서에 따라 대표기도를 하는 것이 자연스런 교육이 될 것이다.

기도순서 1. 하나님을 부르세요.(하나님, 아버지, 고마우신 하나님 등)

기도순서 2. 하나님께 감사를 드리세요.(하나님 정말 감사합니다.
절 사랑하셔서 예수님을 믿게 해 주시니 감사합니다.)

기도순서 3. 용서를 구하세요.
하나님 저는 죄인입니다. 내 맘대로 살았어요.
내 고집대로 살았어요. 엄마에게 대들기도 잘 했고
거짓말도 잘했어요. 이 시간 예수님의 피로 다 씻어주세요.)

기도순서 4. 부탁합니다.
하나님 아버지! 절 사랑하시죠?
절 좀 붙잡아 주세요. 절 좀 인도해 주세요.
하나님의 영광을 위해 살겠습니다.

기도순서 5. 예수님의 이름으로 기도합니다.

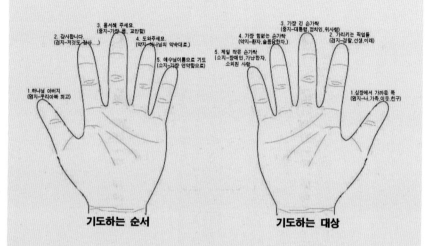

3. 용서해 주세요.
(중지-가정, 물, 교만함)

2. 감사합니다.
(검지-저것도 감사...)

4. 도와주세요.
(약지-하나님의 약속대로)

1. 하나님 아버지
(엄지-우리아빠 최고)

5. 예수님이름으로 기도
(소지-가장 연약함으로)

3. 가장 긴 손가락
(중지-대통령, 정치인, 위사람)

4. 가장 힘없는 손가락
(약지-환자, 슬픔당한자)

2. 가리키는 직업들
(검지-경찰, 선생, 미래)

5. 제일 작은 손가락
(소지-장애인, 가난한자.
소외된 사람

1. 심장에서 가까운 쪽
(엄지-나, 가족, 이웃, 친구)

기도하는 순서

기도하는 대상

기도를 못하는 어린이가 이제는 한명도 없도록 영적으로 교회학교를 세워야 한다.

반주 테이프나 논스톱 반주음악을 틀어 놓고 어린이와 함께 기도훈련을 해 보자.

아나운서가 멘트를 하듯이 기도 순서 하나 하나를 말하고 세 문장씩 말하게 한다.
이 때 리더자는 마이크를 가까이 대고 아이들이 선생님의 기도 문구를 잘 들을 수 잇도록
조곤 조곤 또렷하게 기도멘트를 세 문장 씩 해 주며 다음으로 넘어간다.

"우리 모두 하나님을 불러 봅니다"
-전능하신 하나님, 사랑의 하나님, 나를 구원하신 하나님

"그런 다음, 감사해 봅니다." 세 문장입니다.
-오늘 교회에 나와서 예배드리게 해 주셔서 감사합니다.
-이번 주 학교에서의 생활을 정말 잘 하게 해 주셔서 감사합니다.
-좋은친구들을 만나게 해 주셔서 감사합니다.

"좋아요. 이번에는 용서를 구합니다. 세 문장 말하세요.
-하나님 용서해 주세요. 전 말씀대로 살지 않고 제 욕심대로 살았어요.
 참으로 용서해 주세요.
-욕도 잘하고 하라는 공부는 안하고 동생과 다투었어요. 용서해 주세요.
-하루에 최소한 10분 정도는 기도하며 살아야 하는데 바쁘다는 핑계로 기도하지 않고
 내 기분 내 감정대로 살았어요. 잘못했습니다. 용서해 주세요.

"네번 째, 부탁을 드립니다. 세 문장…"
-하나님 아버지 저 좀 축복해 주세요. 공부를 정말 잘하고 싶거든요. 지혜를 주세요.
 솔로몬처럼...
-하나님 아버지 부탁이 있습니다. 전 아직도 미래에 꿈이 없어요.
 제게 요셉같이 꿈을 알려 주세요.
-우리 어머니 아버지 축복해 주세요. 소원입니다.

끝으로 예수님의 이름으로 기도합니다. 다같이…"예수님의 이름으로 기도합니다. 아멘…"
**와 잘했어요. 하고 칭찬한 후… 다시 알려 주지 말고 자유롭게 또 외쳐서 기도하게 한다. 엄
청 기도를 잘 하게 될 것이다. 물론 여기서 강력한 성령님의 인도와 역사를 기도해야 한다.**

(2) 기도훈련은 이렇게

A. 기도제목을 분명히 주어야 어린이들이 기도하기가 좋다.

어린이들의 기도는 어린이들의 실제적인 삶에서의 실제적인 사실과 밀접한 제목을 어린이들에게 주어야 기도가 된다.

따라서 어린이들의 관심, 요구, 바램을 지도자는 확인해야 한다. 시험을 앞두고 있을 때 부모님을 위한 기도? 왠지 어울리지 않죠. 그 땐 지혜를 구하고 믿음을 구해야 어린이들이 바짝 달려들어 기도할 수 있는 것이다.

어린이들에겐 분명한 기도제목을 제시하면 제시할수록 기도문이 열리게 된다. 방관자 어린이들도 갑자기 기도 줄을 잡게 된다. 주일학교에 나오는 대부분의 어린이들에겐 아래와 같은 공통적인 욕구가 있는 것이다. 일단 기도는 하면 할수록 잘 된다.

B. 다양한 기도의 접촉점을 찾으라.

어린이는 어른과 달리 스스로 기도하지 못한다. 따라서 기도하게끔 교사가 이끌어 주어야 기도문이 열린다. 이 때 오른손을 가슴에 얹게 한다든지 두 손을 올리게 한다든지 동작을 요청하면서 기도를 인도해 보라 아이들이 따라 움직이면서 기도에 집중하는 어린이를 볼 수 있을 것이다.

짝 기도, 통성기도, 스텐딩기도, 통곡의 벽 기도, 터널기도 등등

가슴에 손을 얹고
기도하는 어린이

C. 창의적인 기도를 시작하라

교회를 십년이상 출석한 성도는 자신도 모르게 몸에 밴 기도의 반복구를 지니고 있다. 또 기도가 안될 때 머뭇거리는 문장들이 있다. (음~ 그러니까 주님, 아버지, 특별히, 주여 아버지 등) 그런 문장은 어린이들의 기도생활에 별 상관도 없고 또 예외적임에도 불구하고 기도 준비를 하지 않고 기도석에 서기 때문에 그렇게 중언 부언하기 십상이다. 그렇게 준비되지 않은 형식적인 기도는 하나님께 올라가지 않는 기도이다. 어린이들의 영혼에 영향을 주지 못하는 것이다. 그러므로 어느 정도 창의적인 기도가 몸에 익힐 때까지 기도문을 일단 작성해 보고 그 준비된 기도로 성령을 의지하여 하나님께 돌릴 필요성이 있는 것이다. 기도할 때 어린이와 학생들이 신비감을 충분히 느낄 수 있기 때문이다.

D. 대표기도도 다섯 손가락 기도 순서대로 해야 한다.

1 하나님의 이름을 부른다.
거룩하신 하나님 아버지…

2 감사의 내용을 고백한다.
복된 주일을 주시고 주일 아침예배에 불러 주시니 감사합니다.

3 어린이 입장에서 잘못한 죄를 회개한다.
지난 일주일의 저희의 생활을 돌아 볼 때 참으로 죄송한 마음만 가득합니다.
바보처럼 말씀을 순종하지 않고 내 맘대로 살아 온 것이 후회스럽습니다.
친구와 다투고 욕하고 싸우고… 진심으로 회개합니다.

4 부탁드립니다.
아버지 하나님 부탁이 있습니다.
오늘 우리들의 예배를 받아 주십시오. 신령과 진정으로 예배하겠습니다.
저희를 만나주십시오. 성령님을 사모합니다.

5 예수님의 이름으로
예수님의 이름으로 기도합니다. 아멘.
다섯 손가락 기도순서는 주기도문에 따른 기도의 순서를 적용한 것입니다.
그러기에 그리 가르쳤으면 가르친대로 교사가 그렇게 기도해야 한다는 겁니다.

가르치기는 다섯 손가락 순서로 알려주고 교사 스스로가 틀이 없이 자기 스타일대로 기도를 하는 것은 아이들로 하여금 혼란에 빠지게 하는 원인이 된다.

10분 기도를 작정하라. 몇 년 전부터 키즈처치리바이벌에서 개최하는 어린이은혜캠프에서는 참석한 어린이들로 하여금 둘째 날 저녁에 "십분기도"를 작정하고 결심하게 한다. 대부분 잘 작정한다.

이것은 주중 성령의 인도를 받는 구별된 기독 어린이들로서의 지침이 된다. 주일 예배 딱 한번 드리고 주중에는 그 어떤 신앙생활의 연계가 없는 것이 오늘 날 우리 교회학교의 문제 중 하나이다. 그러므로 어린이들로 하여금 스스로 성령의 인도를 받고 기도생활을 통해 응답 받는 생생한 신앙생활을 열어 주어야 한다.

방법은 매우 간단하다.

교회학교 주일 예배에서 기도에 관한 설교를 하고 난 후 어린이들로 하여금 눈을 감고 결단하고 약속하게 한다. 손을 들고 기도하게 한다. 저절로 기도에 깊이 들어가는 현장을 목격하게 될 것이다.

(3) W = Worship(예배)

너희 몸을 하나님이 기뻐하시는 거룩한 산 제물로 드리라.

이는 너희가 드릴 영적 예배니라 (로마서 12:1)

하나님은 영이시니 예배하는 자가 신령과 진정으로 예배할찌니라 (요한복음 4:24)

예배에 최선을 다하는 교회학교를 하나님은 원하신다. 어린이들이 예배에서 하나님의 은혜를 받아야 한다. 간식이나 재미있는 프로그램이나 선물에서 은혜를 받으면 안된다. 그것은 생명을 주지 못한다. 그것이 생명을 주는 도입부는 될 수 있지만 그것에 목매다가는 예산낭비만 하고 마는 결과를 초래하는 것이다.

예배에 성공하기 위하여 최선의 준비가 요구된다. 선생님들 스스로가 이 분위기를 창출하기 위하여 혼신의 힘을 쏟아야 한다. 그리고 하나님께 맡겨야 한다. 아무런 기대 없이 기도 없이 노력 없이 그 어떤 역사도 나타나지 않는다. 진정한 영혼구원과 어린 영혼을 사랑한다면 지금의 교회학교 예배 분위기를 확 뜯어 고치자. 더 이상 내버려 둘 수 없다. 속히 장난분위기에서 은혜분위기로 바뀌어야 한다.

남서울비전교회
키즈처치 예배 상황

(1) 예배시 교사 모두가 잦은 움직임을 없앤다.

예배가 잘 안되는 원인 제공을 교사가 하고 있다. 예배 시간에 특별한 이유 없이 이리 저리도 분주하게 움직이는 것은 어린이들로 하여금 예배에 집중하게 하지 못하는 원인이 된다. 많은 교사들이 이 부분을 알지 못하는 것 같다. 자신 때문에 어린이들이 예배에 피해를 보고 있다는 것을….

그러므로 예배에 교사도 집중해야 한다. 움직이면 안된다.

(2) 규율교사(지도교사)를 임명하여 예배를 돌봐주어야 한다.

어린이들의 동의를 구하고 예배를 잘 드리기 위해 첫 번째 방법으로 지도교사를 선임한다.

규율교사로 임명된 교사는 늘 손에 정신봉을 들고 왔다 갔다 한다. 이 선생님만 기도시간에 움직일 수 있고 눈을 뜰 수 있다. 자연히 어린이들이 예배에 조심하게 된다. 그리고 반드시 시범 케이스를 만든다. 주로 부장 딸, 장로님 아들, 목사님 아들 등을 시범 케이스로 혼을 낸다. 그리고 예배가 마친 후 손을 꼭 잡고 기도해 준다.

(3) 교사가 먼저 생명 건 예배를 드려야 한다.

모든 예배에 교사가 먼저 생명을 건 열정을 드려야 한다.

보편적으로 어린이예배를 서비스 하는 교사는 "이 예배가 끝나면 나는 나의 예배를 드리면 돼"하며 어린이와의 예배를 소홀히 여기는 경우가 많다. 하지만 그렇지 않다. 교사들의 열정적이고 정성을 다하는 예배 태도는 그 자체가 어린이들로 하여금 놀라운 교육이 된다. 교회학교는 반드시 부흥해야 하며 부흥하는 길이 분명히 있다. 현재 개 교회 세례교인의 76%가 교회학교 출신이며 임원75%가 14세 이전에 신앙생활을 시작했다는 교육협회의 통계가 말해 주듯이 오늘의 교회 성장은 교회학교부터 시작된 것이 분명하다. 그러나 이제 앞으로 20년 후는 과연 얼마나 땅을 치며 후회할 것인가?

〈어캠〉에서
아이를 끌어안고 기도하는
영적부모로서의 교사

부흥하는 교회학교를 지금 우리가 이룩해야 한다. 부흥하는 교회학교는 수만 많은 교회가 아니다 하나님으로 가득한 교회가 진정으로 부흥하는 교회학교이다. 은혜가 풍성한 교회학교이다. 영혼이 반짝 반짝 빛이 나는 어린이들이 모인 교회학교이다. 찬양이 살아있는 교회학교 이다. 기도가 살아있고 예배가 살아있다. 교회학교의 부흥은 분명한 하나님의 뜻다. 이제 더 이상 미룰 수 없다. 우리 시대 최고의 교회학교 부흥의 때가 오게 하자!

영과 진리로 예배 드리는 어린이들을 지금도 하나님께서는 찾고 계신다. 찬양, 기도, 예배가 되는 어린이를 키우는 것이 교회 학교의 위대한 사명이다. 거룩한 예배가 되어야 교회학교가 진정으로 부흥한다.

Part 03

부흥하는 교회학교 따라하기

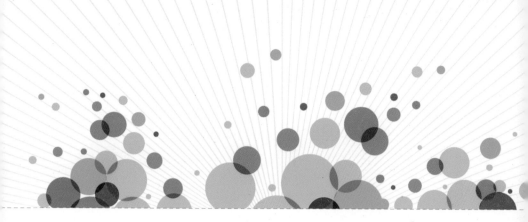

Part 03

부흥하는 교회학교
따라하기

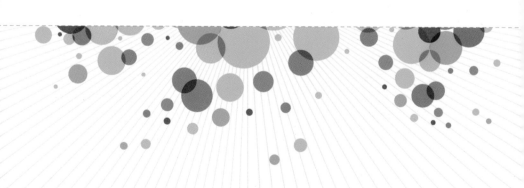

이 병 렬 목사

거창중앙교회 담임목사
총신 신학대학원 졸업
전국초교파 목회자집회 강사
예장합동총회 교육부 전국 강사
예다미 훈련학교 대표
교회학교성장연구소 이사
현 거창중앙교회 담임목사 (18년차 시무중)

010-8729-0100
amen4992@naver.com

1. 거창중앙교회
부흥 따라하기

(1) 어린이 안에 다 있다.

거창중앙교회 '유년주일학교 부흥역사' 는 하나님께서 오랜 세월동안 품으셨던 간절한 뜻이 우리들을 통해 이루신 대역사라고 믿는다. 그러므로 모든 영광은 하나님 홀로 받으셔야 마땅하다. 이 역사는, 한국교회는 물론, 세계교회를 향한 하나님의 의지라고 믿는다. 이 사역의 열매가 세계 곳곳에서 더욱 풍성하게 맺어져 교회들마다 다음세대를 회복하는 새 역사가 일어나기를 소망한다.

다음세대 사역을 하게 된 계기는 한마디로 강권하신 하나님의 섭리 때문이었다. 필자는 나이 40 이라는 늦은 나이에 목회를 시작했다. 본 교회가 위치한 '경남 거창' 이라는 곳은 생면부지의 땅이다. 그러기에 필자를 이곳으로 인도하신 하나님의 섭리가 무엇인지 너무 너무 알고 싶었다. 그래서 매일 새벽기도 시간마다 그런 뜻을 가지고 기도에 몰두했다. 하나님께 '저를 왜 이 거창 땅으로 보내셨습니까?' 를 여쭙고 또 여쭈었다.

거창중앙교회
전경1

그렇게 3년 세월이 지나던 2003년 2월 새벽 마침내 그 끝없는 부르짖음에 하나님께서 응답의 말씀을 들려 주셨다. '유년주일학교를 하라!' 그리고 이어서 '천명하라!' 가히 상상할 수 없는 말씀이었다. 그리고 그 다음 순간, '꿈을 가지라! 전문적으로 일하라! 전력투구하라!' 그 날의 그 청천 벽력같은 말씀, 그 명령의 말씀이 이 사역을 하게 된 전적인 계기가 되었고, 나아가 오늘의 이런 현장이 되도록 만든 원동력이 되었다.

필자는 모태신앙인이며, 주일학교 교사와 주일학교 부장을 10여 년간 맡아온 경험이 있었다. 아무리 그렇다 해도 단독 목회 현장에서 '유년주일학교 중심 사역'

을 하리라고는 전혀 생각하지 못했다. 다만 목회사역에서 다음세대사역 만큼 중요한 사역이 없다는 사실을 절박하게 인식한 것은 두말 할 여지가 없다. 이런 상황에서 하나님의 응답은 가히 엄두도 나지 않는 너무 엄청난 말씀 이었다. 그러나 하나님의 구체적인 인도를 따르다보니, 그 어떤 것도 문제될 수 없었다. 오직 하나님께서 명령하신 사명의 말씀만 뜨거운 불덩어리로 타오르고 있을 뿐이었다. 그때 이후로, 교회의 모든 사역을 유년주일학교에 집중시켰다. 그러나 이미 20여 년 된 전통교회에서 이일을 진행하는 것은 그리 쉬운 일이 아니었다.

여러 가지 어려운 문제들이 있었지만, 그런 일들은 오히려 당연한 것이었다. 지금 와서 돌이켜 생각해보면서 그때의 아픔들이 오늘의 역사를 이루게 한 기초가 되었음을 알기에 그저 감사하고 있다. 2003년 2월 이후, 여러 가지 열악한 상황이었지만, 하나님께서 사람도, 재정도 공급해 주시고 좋은 본이 되는 이들도 만나게 해

무학년제로 운영되는
주일 오전 9시 예배 광경

주셨다. 하나님께서 이런 일들이 사역의 좋은 발판이 되도록 인도하셨다고 믿는다. 또한 필자는 최근에 본인과 거창 중앙교회에서 일어나고 있는 현상을 보면서 철저하게 개입하시고 역사해 주시는 하나님의 섭리를 새삼스럽게 깨닫게 되었다.

하나님께서는 이 놀라운 역사를 이 거창 땅에서 이루시기 위해, 필자에게 응답하시기 1년 전쯤, 어느 목사님과 그분의 자녀들을 위해서 밤을 세워가면서 철야기도를 하게 하신 적이 있었다. 다음세대들에게 복음을 전해 그들이 예수님을 닮은 품성을 가질 때, 가정이 변하고, 교회가 변하고 세상이 변할 수 있다는 것을 믿고 기도했다고 한다. 기도 장소도 교회가 아니었다. 이 세상을 이끌어갈 다음 세대들이 뛰어 노는 곳, 바로 거창 초등학교 운동장에서 기도했다.

하나님께서는 거창중앙교회에서 이 엄청난 일을 할 수 있도록 예비하고 계신 증거를 하나씩 현실로 보여 주셨다. 하나님께서는 같은 뜻을 품고 기도하는 분들을 만나게 해 주셨고 40여명이 넘는 신실한 젊은이들을 보내 주셨다. 바로 그들이 이 사역에 중요한 기둥이 되었다. 하나님께서는, 이런 사실적인 배경을 하나하나 이루어 놓으시고 나서, 때가 이르매 이 사역을 명령하셨던 것이다.

이와 같은 하나님의 은혜의 역사가 예비되어 있었음에도 불구하고, 이 사역의 토양화 작업은 그리 녹녹치 않았다. 무려 일 년여의 기간이 소요 되었다. 그러니까 2004년 3월이 되어서야 궤도에 올라 본격적인 사역이 시작되었다. 처음 시작된 것은 기도훈련이었다. 매일 밤마다 2시간씩 교회에 모여 '목자훈련'이 이어졌다.

처음 시작 당시, 20~30명의 성도들이 모였다. 처음부터 뜨겁게 모이진 않았지만 얼마가지 않아, 성도들의 가슴엔 어린이를 향하신 하나님의 심정으로 뜨겁게 달아올랐다. 필자에게 주셨던 어린이를 향한 사명의 불덩이가 서서히 성도들 가슴에 옮겨 붙은 것이다. 모두 하나님께서 쏟아 부으신 은혜였다.

그때부터 교회는 새로운 교회가 되었고, 성도들은 새 마음으로 거듭난 새로운 성도들이 되었다. 이후로 유년주일학교 사역은 '유년주일학교 일천영혼을 향하여' 라는 표어와 함께 활활 타오르게 되었다.

거창중앙교회
주일11시 어른예배 광경

무엇 때문에 우리들이 다음세대 사역에 중점을 두게 되었는가? 그것은 바로 다음 다음세대를 향하신 하나님의 불타는 심정 때문이었다. 하나님께서 하나님의 그 불타는 심정을 필자의 가슴에 가득심어 주셨기 때문이다. 바로 '유년주일학교 일천영혼'에 대한 응답과, 나아가 하나님의 말씀들을 깨닫도록 은혜를 주셨기 때문이다. "어린아이 하나를 영접하는 것이 곧 나를 영접함이니(마18:5)" 하신 예수님의 말씀이 거의 불꽃처럼 타오르게 해 주셨다. 우리 예수님께서 하신 이 말씀만큼, 하나님의 심정을 선명하게 드러내신 말씀이 성경 그 어디에 또 있겠는가? '저 유럽의 교회들이 다음세대사역에 실패하였기 때문에 오늘날 저들 교회가 망하지 않았느냐 그러니 다음세대 사역이 중요하다' 라고 하는 정도의 말씀이 아니다! 하나님께서는 어린아이 자체를 그 누구보다도 귀하게 여기신다. 또한 어린아이 때에 마땅히 행할 바를 가르쳐야 늙어서도 떠나지 않을 것(잠 22:6) 이기에, 어린아이 하나를 영접하는 것이 예수님을 영접하는 것만큼이나 중요하다고 힘주어 말씀하셨다. 이와 같이 다음세대를 향한 하나님의 심정을 드러내 주신 말씀은, 비단 이 부분뿐만 아니라 성경 곳곳에 드러나 있음을 볼 수 있다.

그러므로 이제 예수님의 피로 값 주고 세워진 각 교회와, 하나님께 부름 받아 하나님의 백성이 된 모든 성도라면 '누구든지, 이 사역에 분연히 떨쳐 일어나야 하는 것이다. 만일 그렇게 하지 않는다거나, 이러한 하나님의 뜻에 어긋나게 행동한다면, 마태복음 18장 6~10절 말씀에서 드러나는 하나님의 엄중하신 책망이 있게 되지 않겠는가?' 참으로 두려운 말씀이다. 이렇게 볼 때, 한국교회, 나아가 전 세계의 교회는, 이런 다음세대 사역에 교회의 모든 역량을 쏟아 부어야 하지 않겠는가? 이런 하나님의 심정을 가슴에 담고, 하나님의 인도를 따라서 다음 세대 회복 운동에 온 힘을 다하게 되었다.

(2) 거창중앙교회
부흥의 비결 여섯가지

거창중앙교회 유년주일학교의 사역중점은 다음과 같이 여섯 가지로 요약 할 수 있다.

(1) 무학년제로 운영하는 교회학교

전도자 자신이 전도한 사람 모두를 직접 양육하는 방식이다. 이름하여 친자 양육방식이다. 오늘날 학년제 방식과 비교되는 방식이다. 나아가 이 방식은 자신이 전도한 어린 영혼의 평생을 책임진다는 마음으로 책임감을 가지고 양육하는 방식이다. 바울 사도가 디모데를 향해서 '사랑하는 아들 디모데' 라고 했던 것처럼 말이다. 여러 견해가 있을 수 있지만 필자의 사역현장에서는 부흥의 원동력이 되었고, 자신에게 맡겨진 영혼임을 믿고 끝까지 인도한 여러 좋은 사례들이 있음을 주저함 없이 말할 수 있다.

(2) 전 성도 교사화

예수님께서 하신 말씀대로, 하나님의 백성이라면 '누구든지' 어린이를 영접하는 성도가 되라는 것이다. 교회 제자훈련의 방향을 단순하게 교사 양성에 둔다. 그리고 성도 각자의 달란트대로 다양한 모습의 교사로 헌신하게 하는 것이다. 다음세대를 향한 뜨거운 불이 당겨지고 가르치는 은사가 있는 성도는 주교사, 연세가 높으신 분들은 기도교사, 승용차를 소유한 성도들은 차량교사, 사업 때문에 시간이 없는 분들은 재정교사, 중고등부 학생들 중에 자원하는 이들은 보조교사, 도로안전이 필요하다면 교통지도교사 등등 필요하다면 누구든지 이름을 붙여 교사로 헌신하게 하는 것이다. 그리고 '한번 교사는 영원한 교사다'라고 공포한다. 이렇게 하다보니 교회 구성원의 80%가 앞장서 일하는 사역자가 되었다.

(3) 인적 자원의 집중화

다음 다음세대를 향하신 하나님의 심정이 불덩이 같으시고, 이 사역에 몰두하게 하셨으니 교회의 모든 자원을 다음세대 사역에 집중하게 하는 것이다. 인력과 재정자원 모두를 집중시키는 것이다. 각 부서에서 활동을 계획할 때부터 먼저 다음세대사역을 염두에 두고 계획을 수립하도록 한다. 그래서 각 부서 구성원들이 오랫동안 활동한 결과물들을 가지고 다음세대들 앞에 나아가 사역하도록 한다. 예를 들면 청년회에서 인형극을 준비한다하면, 그것은 이미 다음세대 사역에 방향이 맞춰져서 활동하고, 이어서 유년주일학교에서 사역을 하게 되는 것이다. 이렇게 전 교회의 자원을 집중화하는 것이다.

찬양팀 아이 교사가
대단한 열정으로
찬양한다

(4) 불꽃목자화 운동

불꽃 목자화 운동은 어린이들을 영혼사역자로 키우자는 것이다.

그것도 불꽃처럼 타오르는 영혼사역자!

바로 예수님을 닮은 사역자로 만들자는 것이다. '예수님이 제1호 불꽃목자이시니 어린이들도 예수님을 따라서 제2호 불꽃목자가 되자' 하는 것이다. 그렇게 해서 평생 동안 언제 어디서 무엇을 하든지 영혼 사역하는 예수님의 사람으로 양육하는 것이다. 물론 소정의 커리큘럼을 가지고 훈련한다. 새 친구가 들어오면, 먼저 담당 교사가 구원의 확신을 갖도록 교육한다. 그 후에는 예배 잘 드리는 사람이 되도록 항상 이름 불러 기도하며 믿음의 사람으로 인도한다. 이렇게 해서 여름이 되면 그동안 신앙생활에 모범생들 가려 뽑아서 3박4일 동안 수련회에 참석시켜 훈련한다. 여기서 기초과정, 성경과정, 예다미과정을 이수하게 한다. 그 후에 시험에 합격하고 2명 전도하게 한 후에 불꽃목자로 안수해서 파송한다. 이로써 자부심있는 영혼사역자가 되게 하는 것이다.

(5) 예다미 사역

예다미 사역이란 예수님의 성품을 닮은 사람으로 훈련하는 것이다. 이 사역은 바로 빌립보서 2장 5절 말씀대로 하나님의 명령을 따르는 사역이다. 이것은 어린이들을 장성한 예수 그리스도의 장성한 분량으로 이끌기 위해 꼭 해야 하는 사역이라 확신한다.

우리가 다 하나님의 아들을 믿는 것과 아는 일에 하나가 되어 온전한 사람을 이루어
그리스도의 장성한 분량이 충만한 데까지 이르리니 (에베소서 4:13)

예수님의 성품을 여러 가지로 정의하고, 그 한 성품당 8주씩 훈련해 나가는 것이
다. 이것은 결코 주입식 교육이 될 수 없다. 실행적인 훈련이 되어야 한다.

요즘 심각한 사회문제들의 원인이 바로 어릴 때에 성품훈련이 바로 되지 못한데
있지 않은가? 이젠 가정에서도 학교에서도 성품훈련을 기대하기 어려운 시대가
되었다. 모두가 바쁘게 살기 때문이다. 가능성이 있다면 오직 교회뿐이다. 그래서
이것을 어린이 교육의 핵심을 삼고 있다.

(6) 참된 예배자로 세우기

하나님의 백성은, 하나님 앞에서 참된 예배자가 되어야 한다는 것이다. 이 문제도
바로 어린아이 때부터 바르게 훈련 시켜야 한다는 것이다. 언제 어디서나 하나님
을 의식하며 코람데오(Coram Deo)의 삶을 살도록 마음깊이 각인 시켜야 한다.
그래야 이 다음 성인이 되어서도 자연스럽게 참된 예배자의 삶을 살 수 있게 될
것이다. 어릴 때 교육이 평생 간다는 것을 잊지 말아야 할 것이다.
예배당 예배뿐만 아니라 생활현장에서도 참된 예배자가 되도록 만들어 가야 한
다. 하나님과 동행하는 삶과, 예수님의 성품을 실천하는 삶을 실천하도록 강조
하고, 주단위로 점검한다. 이 모든 사역의 내용들이, 오늘날 거창중앙교회 다음

세대사역의 부흥을 이루게 한 원동력이 되었다. 모든 것이 하나님의 은혜였다. 앞으로도 하나님의 인도는 계속되리라고 확신한다.

지금까지 사역해 오면서 힘들었던 것은, 우리의 사역 현장의 영적 정서에 있었다, 거창은 복음화율이 낮을 뿐만 아니라, 불교, 유교 등의 깊은 이교적 정서에 젖어 있기 때문이다. 이런 것들이 우리 목회현장을 영적 전쟁터로 만들었다. 그래서 매일 네 번의 기도회를 시행하고 있다.

오늘도 기도 외에는 이런 유가 나갈 수 없다 하신 말씀을 가슴에 담고, 온 성도들이 오직 기도에 전심을 다하고 있다.

거창중앙교회 예배 광경,
예배에 방관자가 거의 없다

이렇게 살다보니 늘 태산을 오르는 것 같은 삶이였던 것이 사실이지만, 이 사역을 통해서 얻어진 보람은 지금까지의 그 어떤 고난과도 가히 비교할 수 없을 만큼 크고 놀랍다. 하나님께서 등 떠밀어 보내 주신 어린이 영혼 영혼들이 점점 믿음의 용사요, 진실한 신앙인으로 세워져 감을 보노라면 참으로 감사하고, '할렐루야!' 찬양이 저절로 나온다. 더 나아가 이 어린이들이 믿음을 실천하는 모습 때문에 그 부모님들이 감동 받고 교회에 등록하게 되는 일들, 또 이런 분들이 본 교회 성도들의 상당수에 이르게 되었다는 것이 큰 보람이고 기쁨이다.

이것들 위에 한 가지를 더 한다면, 앞으로 5년 후, 10년 후가 되면 그때 교회의 모습이 어찌 되겠는가 하는 것이다. 이렇듯 10여 년간 어린이사역을 해오면서 가슴 깊이 새겨진 의미심장한 한마디가 있다. '어린이 속에 다 있다!' 그들 속에 다양한 세대들이 연관되어 있다. 어린이들도 있고, 청년학생들도 있고, 어른들도 그 안에 다 있다. 거기에다 어린이속에도 생기가 있다. 신바람이 있다. 돈도 있다. 하나님께서 어린이들 속에 온갖 보물들을 꼭꼭 숨겨 놓으신 것이다.

우리가 하나님의 심정을 알아드리는 앞으로의 목회방향은 이렇게 바라보고 있다. 무엇보다 먼저, 지금까지 하나님께서 뜻을 두시고 이 모든 것 하나하나를 이루어 주셨으니 이제부터는 하나님께서 쓰시는 대로 더욱 순종하며 나아가고자 한다. 아무쪼록 하나님께서 이루어 놓으신 이 콘텐츠들이, 우리나라와 세계 다음 세대사역의 실질적인 대안이 될 수 있기를 바랄 뿐이다.

김 은 겸 목사

서울늘빛교회 교육목사

010-8875-0675
youngchild1193@hanmail.net

2. 학교 앞 전도 왕 따라가기

김은겸 목사의
학교 앞 전도사진

김은겸목사
좌야초등학교 앞
전도 장면

1) 나의 학교 앞
전도 스토리

(1) 외양간 교회 - 전교생 67명중 43명을 전도하다.

1996년 10월 26일 사랑하는 아내와 어린 세 딸을 데리고 아무 연고도 없는… 정말로 아브라함이 갈 바를 알지 못하고 하나님이 지시하신 땅을 향하여 가족을 이끌고 갔던 것처럼 경상북도 상주시 한 작은 시골 마을로 들어갔다.

외양간을 뜯어 고쳐 예배당을 만들고 아내와 어린 딸들만 앉혀 놓고 첫 예배를 드렸다. 그렇게 시간이 흐르면서 정말로 너무나 죽고 싶을 정도로 힘들었다. 아무도 찾아오지 않는 예배당, 먹을 것이 없어 아이들은 굶기를 밥먹듯 하였으며 영과 육은 점점 지쳐만 갔다. 그러나 그렇게 그냥 포기할 수는 없었다. 마을 가까운 곳에 67명이 전교생인 초등학교가 있었다. 아내와 나는 일주일에 한번 매주 수요일 학교전도를 가기로 했다. 처음에는 참 어색하고 힘들었지만 점점 아이들과 친해지면서 전도가 재미있었다. 그렇게 6개월이 지난 이듬해 여름. 어느 집사님 한분과 몇 분 선생님들이 인천에서 내려와 여름성경학교를 해 주시게 되었는데 그때 전도되어 온 아이들이 43명이나 되었다. 정말로 믿어지지가 않았다. 4년 가까이 복음이 씨를 뿌리는 사역을 마치고 하나님의 계획하심 가운데 그곳을 뒤로하고 도시에 개척을 하게 되었다. 그곳을 나오며 그 작은 교회가 사라질 줄 알았는데 그때의 작은 씨앗이 불씨가 되어 이웃마을의 어른들도 나오게 되고 지금은 교회를 예쁘게 지어 구원의 방주로 역할을 잘 감당하고 있음에 감사할 뿐이다.

(2) 하나님 저 목회 그만둘래요.

그 힘들었던 4년의 광야훈련을 끝내고 꿈에 부풀어 경기도 오산이라고 하는 도시에 큰 비전을 품고 두 번째 개척을 하게 되었다. 상가 2층 40평 공간의 아담한 예배당, 보증금 1500만원에 월세 40만원.

목회에 대한 경험이 부족했던 터라 농촌목회를 하며 어른들에게 너무나 힘들었던 나는 어린이 전도만 하였다.

2달 가까이 전도하다보니 아이들이 50여명이 전도 되었다. 그렇게 1년 가까이 아이들에게 계속 재정이 들어가다 보니 헌금이 얼마 나오지 않고 있는 상황에서 월세 내고 이것저것 하다보니 재정은 계속 힘들어져만 갔다.

결국 탈진 직전에 이르렀고 목회를 포기하고 싶은 마음에 이번 예배를 마지막으로 드리고 그만두어야겠다는 생각을 하였다. 예배를 마치고 사택에 들어와 TV를 켰다. 어느 절을 짓고 있는 이야기를 다큐멘터리로 방송을 하고 있었다.

청소년들을 겨냥한 현대식 절을 지으며 밤에는 오토바이를 타고 폭주족 청소년들과 어울려 놀다가 넓은 광장에 앉아 불교 교리를 가르쳤다. 기자가 인터뷰를 하게 되었는데 그 주지 승려의 대답에 뒷통수를 큰 해머에 얻어 맞은 것처럼 충격 그 자체 였다. 기자가 "당신은 이렇게 힘들게, 피곤하게 살지 않아도 편하게 살 수 있는데 왜 이런 생활을 하느냐?"는 질문에 "예, 나는 이 땅의 모든 청소년들을 다 포교하는 그날까지 이 생활을 멈추지 않을 것입니다"하고 대답하였다. 그 말을 듣고 난 어찌할 바를 몰랐다.

분명 하나님께서 세상을 만드셨고 하나님의 형상을 따라 지음 받은 인간들인데 이 땅의 모든 사람들을 예수 믿게 해야 할 일을 우리가 즉 교회가, 목회자가 교사가 믿는 사람들이 마땅히 해야 할 일인데 난 조금 힘들다고 원망하고 못하겠다고 투정이나 부리고 있는 내 모습이 너무나 부끄럽고 죄송스러워 몇 시간을 강대상 앞에 엎드려 회개의 눈물을 흘렸는지 모른다.

전도 하고
현장 구원상담을 하는
주성교회 교사

학교 앞 전도 사진,
아예 줄을 서 있는
모습이 장관이다.

"하나님. 잘못했습니다. 잘못했습니다. 용서해 주세요. 다시 한 번 기회를 주세요. 저들을 빼앗기는 일을 누가 막아야 할텐데 저를 써 주신다면 나의 전부를 주님께 드리겠습니다." 하고 기도를 드리고 어디든지 보내달라고 간청을 하였다.

(3) 내려놓기 그리고 여수

모든 것을 다 내려놓고 여수로 갔다.

50명 아이들과 8명의 교사들을 데리고 400명 부흥하는 은혜를 주셨다.

아이들 세계로 쉽게 접촉하기 위해 풍선아트를 배우고 인라인 스케이트를 배웠다. 그리고 삐에로 복장을 하였다. 의외로 반응이 좋았다. 어린이 대심방과 더불어 매일 학교 앞 전도, 아파트 놀이터 전도, 골목골목을 다니며 전도하기 시작하였다. 낮에는 온 종일 인라인 스케이트를 신고 삐에로 복장을 하고 살았다. 그렇게 1년이 지나고 여름성경학교를 하게 되었는데 55평 2층 예배당 작은 공간에 400여명이 몰려와 통로는 물론 강단까지 빈틈없이 가득 넘치는 부흥의 기쁨을 주셨다. 정말로 하나님의 은혜가 아닐 수 없다. 그만두겠다고 투정부리던 종을 포기하지 아니하시고 주의 도구로 사용하셔서 큰 부흥을 경험하게 하시니 말이다.

(4) 다음세대 파송사역
포항에서 아동부, 중고등부 3배 부흥을 경험하다.

포항에서 청빙 요청이 들어 왔다. 다음세대를 맡아 달라고…. 서울에 두 딸을 두고 막내 딸만 데리고 포항으로 내려갔다. 모두들 미쳤다고 하였다. 서울이 어떤 곳인데 여자 아이들 둘만 놔두고 포항 그 먼 곳으로 갈 수 있느냐고 말이다. 그러나 하나님의 강권하심에는 어찌할 수가 없었다. 그것은 내가 목회를 그만두려고 했을 당시 하나님과의 약속이었기 때문이다.

포항에서의 사역은 더 잊을 수가 없다. 처음 부임을 하여 주일 아침 교회 오는 아이들의 모습을 보고 있던 나는 너무나 마음이 아팠다. 아이들이 마치 형장에 끌려가는 사형수들처럼 잠이 덜 깬 얼굴로 양쪽 두 어깨는 축 늘어진 모습을 하고 교회를 향해 오고 있었다.

그래서 그 다음 주일부터는 입구에 서서 오른손을 들고 "하이 파이브"인사를 하기 시작하였다. 처음에는 쑥쓰러워하던 아이들이 내 마음을 알았던지 조금씩 밝은 모습으로 손바닥을 마주치며 인사를 하기 시작하였다.

풍선을 받아들고
좋아하는 어린이들

3개월이 지난 어느 주일아침.

교회를 오는 아이들의 모습이 180도 달라졌다. 차에서 내리자마자 달려와 내 품에 안기는 아이들. 그리고 밝게 웃으며 예배드리러 오는 아이들. 이제 아이들과 하나가 된 듯하여 아이들 현장 속으로 찾아가기 시작하였다.

바로 〈학교 앞 전도〉.

그리고 중·고등부 아이들은 점심시간을 이용한 10분 학교심방, 그리고 매일 밤 1시간 기도와 주 1회 학교 땅 밟기 기도 등 부흥을 위하여 몸부림쳤다.

그렇게 1년이 지났을 무렵 아동부는 120여명에서 350여명으로, 중·고등부는 40~50명에서 160여명으로 부흥하여 예배실이 가득 다음세대로 차고 넘쳤다. 지금도 그 교회 교사들이 이야기 한다고 합니다. 그때가 그립다고… 하나님의 은혜이다.

(5) 서울로

2년 섬기던 교회 해마다 200여명 새친구 등록하여

제자훈련으로 30∼40% 정착시키기 까지

비가 오나 눈이 오나 찾아 갔다. 함께 해준 몇 명의 교사들이 있었기에 행복하게 사역할 수 있었다. 몇 명의 교사들과 함께 매일같이 학교 앞 전도를 나갔다. 교회 주변의 학교를 4곳을 선정하여 요일별로 한 학교씩 같은 시간, 같은 복장을 하고 항상 똑같은 자리에서 아이들을 만나고 복음을 전했다. 또한 기존의 아이들을 제자훈련을 통하여 어린이가 어린이를 전도하게 하였다. 제자훈련을 받은 아이들이 사역의 한 부분을 동역자로 도와주었다. 주일아침 중보기도, 자기가 전도한 아이들 심방, 예배도우미 등 교사 그 이상으로 도와주었다. 그리하여 2년의 사역동안 매해마다 200여명이 넘게 새 친구들이 등록하였다.

1년 52주 매주 새 친구들이 등록하는 기록을 세우기도 하였다. 또한 예배의 틀을 바꾼 것도 한 몫 하였다. 파워풀한 찬양과 말씀. 찬양팀이 예배의 전체 분위기를 찬양을 통하여 집중시키고 설교자인 나는 헤드마이크를 하고 아이들 속에서 말씀을 전했다. 예배가 살아났다. 그리고 주제찬양을 정하여 예배를 마칠 때에는 모두 일어서서 주제찬양으로 마무리를 하고 교사들을 예배당 입구에서부터 계단 양쪽으로 서서 집으로 돌아가는 아이들을 축복해 주었다. 그 주제찬양은 "세이유(Say you)"였는데 그 위력은 대단하였다. 전도를 안하던 아이들이 전도를 하기 시작하였다. 빈 자리는 하나 둘씩 채워져 갔다. 아이들에게 교회를 오고 싶은 교회로 만들어 주었다.

비가 오나 눈이 오나
학교 앞 전도에
최선을 다하다

바로 그것이 적중하여 52주 새 친구 등록의 기록을 세우게 된 것이다. 다음세대가 살아야 교회가 산다. 다음세대 1명이 살면 한 지역을 변화시킬 수 있다.

이 아이 이야기는 꼭 해야 할 것 같아서 짧게나마 적어보고자 한다. 부목사님 사모님과 딸아이 둘이 다음세대 사역훈련을 저에게 9개월간 받고 전남 고흥으로 청빙 받아 가게 되었다. 그 두 딸이 엄마와 함께 9개월 동안 매주 토요일 2~3시간씩 심방을 하고 기도훈련은 물론 전도훈련, 심방훈련 등 32주 과정의 제자훈련을 마치고 아빠를 따라 고흥으로 내려가게 되었다.

그 교회는 연세드신 분들만 계시고 다음세대라고는 눈 씻고도 찾아볼래야 찾아볼 수가 없는 교회였다. 그 목사님의 사모님과 큰 딸이 내려가기 전 "목사님, 다음세대를 전도해서 주일학교를 만들겠습니다. 그러면 나중에 저희 교회에 꼭 집회 강사로 와 주세요"하는 말을 남기고 내려갔습니다. 그리고 내려간 지 1달이 지난 어느 날 전화 한통이 걸려 왔다.

"목사님 7명 전도했어요." 그 말을 듣는 순간 눈에서 뜨거운 눈물이 왈칵 쏟아졌다. 그리고 또 한 달 보름이 지났을까 또 한통의 전화가 걸려 왔다. 만 3개월이 됐을 무렵이다. "목사님, 15명 왔어요." 그리고 또 한달 "목사님 23명 예배 드렸어요" 한 명의 다음세대가 살아나니까 한 지역을, 한 교회를 살리는 큰 일을 지금도 하고 있는 것을 본다.

다음세대가 살아나면 교회가 살고 교회가 살아나면 민족이 산다. 드디어 4월 마지막 주일 오후예배 교육부 헌신예배 강사로 그 제자가 있는 교회를 섬기게 되었다. 하나님! 감사합니다. 모든 영광 주님께… 할렐루야!

(6) 순천주성교회로 청빙받다.
이미 언론에 소문난 순천주성교회로 청빙을 받다.

8년 전 다음세대 사역을 더 배워보고 싶어 꼭 가고 싶었던 교회가 바로 순천주성교회였다. 하나님께서 그 마음을 아셨는지 2014년, 만 8년만에 응답하셔서 순천주성교회에서 다음세대 사역자로 섬기게 되었다.

부임당시 순천주성교회는 본래 있던 위치에서 옮겨 새 성전을 건축하며 아이들을 많이 잃어버렸다. 새 성전 위치가 순천 이쪽 끝에서 저쪽 끝으로, 저쪽 끝에서 이쪽 끝으로 예배를 옮겨 다니며 드리다 보니 아이들이 따라오지를 못하였다.

1,023명 부흥의 기적을 달성하고 평균 700~800명 출석하던 그때가 엊그제 같았는데 다음세대를 더 잘 섬겨 보려고 다음세대를 위한 교회를 건축하던 중 다음세대를 잃어버린 겪이 되어 버린 것이었다. 2014년 1월 첫 주에 부임을 하고 겨울방학이 끝나자마자 학교 앞 전도를 시작하였다.

열심 있는 교사들과 함께 매일전도를 나갔다. 비가 오면 비를 맞고 전도를 하였다. 우리 아이들을 만나면 한명만 전도하자고 볼 때마다 이야기 하였다. 매일 가서 아이들을 만나다 보니 이미 교회에 나오는 아이들은 자기 선생님과 목사님이 와 주시니까 어깨에 힘이 들어가고 자랑을 한다. 그리고 한명 두명 전도하는 아이들이 늘어나기 시작하였다.

하나님께서 우리를 긍휼히 여기셔서 매주 새 친구들을 보내주셨다. 지난 2014년 350여명 새 친구가 등록을 하였다. 역시 그 가운데 제자훈련 받고 있는 아이들이 큰 힘이 되어 주었다.

제자반 6학년 아이들이 중,고등부로 올라갔는데 올라가자마자 전도의 열매를 맺기 시작하였다. 어제도 중학교 1학년 현철이라고 하는 제자가 "목사님 한명 전도했어요!" 흥분된 얼굴로 사무실로 뛰어 들어오며 이야기를 한다. 아직도 희망은 있다.

(7) 다시 서울 늘빛교회로

교사의 벗 발행인으로 유명한 강정훈 목사님이 담임으로 계신 늘빛교회에 2016년 1월 3일에 부임하였다. 한국교회가 위기에서 벗어날 작은 촛불들이 이곳저곳에서 우리를 기다리고 있다. 그들을 찾아가서 그 작은 촛불들이 큰불을 일으켜 이 강산을, 아니 열방을 활활 태우도록 일어나 나가자!

이 정도 줄은 서야지…

2) 학교 앞 전도 TIP

(1) 무조건 나가라

전도 그거 생각보다 어렵고, 생각보다 쉽다. 일단 무조건 나가라. 그래야 전도의 열정이 생기고 열매가 보인다. 때로는 나가기가 싫을 때도 있다. 그러나 현장에 나가면 꼭 복음을 기다리고 있는 준비된 아이를 만난다. 신기하게 준비된 영혼이 있다. 하나님의 은총이다.

(2) 꾸준히 그 자리에 같은 모습으로 서라

이거 좋은 방법이다. 그러나 인내를 요하는 것이다. 그런데 놀라운 것은 처음에는 그냥 지나치는 친구들이 약 두 세달이 되면 인사를 하게 된다는 것이다. 그리고 같은 옷을 입고 나가오라. 할 수 있으면 원색으로 입고 가라. 눈에 확 띄는 옷이 좋다. 캐릭터 복장이 아주 제격이다. 삐에로 복장이나 아이언맨, 스파이더맨, 배트맨 등….

그러면 친구들이 말을 걸어 온다. 짧은 시간에 40~50m 아이들이 줄을 선다.

(3) 교회 나오는 친구들을 먼저 챙겨라

전혀 모르는 친구들을 전도하는 것도 중요하지만 결코 쉬운 일이 아니다. 이때 좋은 방법은 기존 교회에 나오는 친구들이 나오면 이름을 불러 주고 특별히 준비해 가지고 간 것을 준다. 그러면 함께 나오는 친구들이 부러운 눈으로 바라본다. 그때 기회를 놓치지 말고 대화를 시작한다. 좋은 반응을 보이면 교회에 나오는 친구와 연결을 해 준다. 혼자 오기 쑥쓰러우니까 먼저 교회 나오는 친구가 그 친구를 데리고 올 수 있도록 유도한다.

(4) 지난 주 새로운 친구들은 전화번호 보다 이름을 먼저 외워라

지난 주 새로 나온 친구를 학교 앞에서 만났을 때 이름을 불러주면 그 아이는 감동을 하며 함께 학교를 마치고 나온 친구들에게 나를 소개 해주고 으스대며 자랑을 하게 된다. 그렇게 되면 그 친구는 100% 정착한다.

작은 선물을 챙겨 준다.

(5) 학교 앞 지킴이

요즘 학교 앞에서 물건을 팔거나 전도를 하는 행위들을 학교 지킴이나 보안관 아저씨들이 강력하게 제지를 하기 때문에 전도가 어렵다고 투덜댄다.

그러나 그것을 두려워해서는 안된다. 오히려 그것이 더 기회일 수 있다.

저는 의외로 적극적으로 그분들이 많이 도와준다. 일단을 그분들을 내 편으로 만들어야 한다.

저는 캐릭터복장을 하고 가니까 그분들이 경계를 하지 않고 오히려 긍정적으로 대해주신다. 그리고 작은 간식을 드리며 인사를 하며 친하게 지낸다. 그렇게 몇 개월 관계를 맺으면 완전히 우리 편이 된다. 그 다음부터는 그분들이 학교정보나 소식을 먼저 알려줘서 전도하는데 많은 도움을 준다.

글없는 책 현장
복음 전도

(6) 전화번호와 이름?

전도를 하다보면 이름과 연락처를 알아야만 열매를 맺을 수 있다. 그런데 적는 것이 참으로 쉽지 않다. 또 전화번호를 적어도 대부분 틀린 번호다. 그런데 매일 같이 현장을 가다 보면 노하우가 생긴다. 노트에 적는 것이 아니라 스마트 폰 목음기능을 이용하는 것이다. 그래서 제 핸드폰에는 60~70여명의 대상자 명단번호가 있다. 토요일 밤 그들에게 문자를 보낸다. 그러면 재미있는 답장들이 참 많이 온다.

(7) 조급한 마음을 버리라

한시라도 빨리 열매를 맺기 원하는 것은 저나 여러분 같은 마음일 것이다. 그러나 조급한 마음을 버리시고 장기전을 바라봐라. 조급해 하면 이내 지친다. 열매가 없다고 낙심하게 된다. 그러므로 길게 보고 항상 멀리 바라보면 절대 지루하거나 힘들지 않게 된다.

(8) 100 : 20 : 1을 기억하라

이름을 알려주고 연락처를 알려 준 친구들이 100명이면 교회 오겠다는 친구들이 20명이다. 그러나 실제로 교회에 오는 친구들은 1명에 불과하다는 것을 기억해야 한다. 그 때도 낙심하지 않는다. 그게 오히려 정상이라고 생각해 버린다.

(9) 전도 7계명

① 전도에 미쳐라.

   (행 14:19~21, 막 1:38, 행 8:4~8, 26~40, 행 9:20)

② 전도가 하나님의 소원임을 알아라.

   (딤전 2:4, 요 3:16, 롬 3:23, 롬 5:8)

③ 내가 사는 목적이 전도임을 고백하라.

   (고전 10:31, 행 9:15, 마 4:19)

④ 전도는 성령의 능력으로만 가능하다.

   (행 1:8, 눅 4:18~19, 행 13:1~3)

⑤ 전도는 지속성이 중요하다.

   (행 5:42, 행 14:7, 행 19:8)

⑥ 때가 된 사람은 예수님을 믿는다.

   (갈 6:9, 행 13:48)

⑦ 옥토에 전도하라.

   (신 6:7, 마 13:1~9)

김미숙 사모

수지 남서울비전교회
최요한 담임목사 사모

010-7411-3001
kms1491@daum.net

3. 김미숙 사모의
주중관리 따라하기

네 양 떼의 형편을 부지런히 살피며 네 소 떼에게 마음을 두라 (잠언 27:23)

교회학교에 출석 등록을 하고 신자가 되면 교사는 그 아이의 영적인 부모가 되어 주어야 한다. 단순히 주일 날 딱 한번 만나서 분반공부에서 출석, 요절, 헌금, 성경, 전도를 점검해 주고 간단한 공과 공부를 가르쳐 주는 것이 사역의 전부가 아니란 말이다.

주중관리라는 말을 할 때, 가르치는 것으로 끝나는 교사에겐 해당되지 않는 일이다. 영적 부모로서의 교사라야 가능하다.

(1) 정착이 안 되는 이유

어린이들의 정착, 교사가 원하고 사모도 불같이 원하고 담임목사도 그토록 전도한 어린이들의 정착을 원하는데 왜 정착이 안될까? 아마도 그동안 교회학교에 찾아 온 어린이들을 제대로만 정착을 시켰다면 기독교 인구가 700만이 아니라 3,000만명도 넘어 섰을 것이다. 이만큼 정착은 중요하고 지금 정착에 대한 마스터 키를 하나님 앞에서 반드시 받아야 한다.

또 한동안 유행을 했던 총동원전도축제와 같은 엄청난 예산을 들여 개그맨, 매직쇼 스타강사, 스타킹에 나왔다는 명강사를 초청하여 어린이들을 당일 날 동원하는데는 성공할 수 있지만 그 아이들이 그 다음 주엔 단 10%로 정착이 안되는데 그 큰 행사가 무슨 소용이 있는가. 예산만 낭비하게 된다.

남서울비전교회 전경

차라리 그 예산으로 교사들에게 정말 맛난 한우갈비를 사 주고 격려를 하고 퀄리티 있는 교사대학을 개강하는 게 더 낫다. 아래와 같이 정착이 안되는 몇 가지 내용을 아픈 환자가 의사 앞에서 진단을 받는 모습으로 진지하게 살펴보자. 바른 진단이 있어야 그에 대한 처방전이 통하기 때문이다.

(1) 영혼을 충족시켜 주지 못하니까

교회의 존재 목적은 영혼 구원이다. 지옥 갈 영혼을 천국 가도록 방향을 전환 시켜 주는 것이다. 이것은 만고불변의 원칙이다. 마치 병원의 목적이 치료이듯.

다른 복음은 없나니 다만 어떤 사람들이 너희를 교란하여 그리스도의 복음을 변하게 하려 함이라 (갈라디아 1:7)

하나님이 세상을 이처럼 사랑하사 독생자를 주셨으니 이는 그를 믿는 자마다 멸망하지 않고 영생을 얻게 하려 하심이라 (요한복음 3:16)

그런데 얼마 전부터 교회학교는 이 진지한 본질이 훼손당하고 있다. 어린이들의 요구에 교회학교가 반응하기 시작하면서, 교사들이 어린이가 좋아하는 것이 무엇이지 하는 관심에 빠지기 시작하면서 목적의식이 방향성을 잃고 만 것이다. 결국 이것이 가장 큰 문제이다.

(2) 재미있는 프로그램만 쫓다가

어린이는 어린이이다. 이 말은 아이들의 놀이에 대한 관심과 흥미에 대한 충족을 의미한다. 하지만 이것은 단지 은혜로 들어가게 하기 위한 출입문과 같다. 하지만 한국교회는 이 부수적인 것이 본질로 자리를 잡았고 복음을 주기 위해 잠시 재미와 흥미를 도구로 사용하는 것이다.

과거에 여름성경학교에서 대 히트한 몇몇 전설같은 노래들이 있다. "믿음의 조상 아브라함은"을 비롯해 "내게 강같은 평화", "싹트네", "사막에", "깊고도 넓도다 깊고 넓은 샘물 흐르네" 등등…. 그런데, 그렇게 아이들과 노닥거리다 마치면 우리는 엄청난 실수를 저지르는 꼴이 되고 아이들의 영성을 전혀 터치 못하고 본능을 무시해 버리는 결과를 초래하고 만다.

교회학교는 항상 재미와 은혜가 평행선을 유지해야 한다. 너무 너무 재미있는데 가슴이 찌릿한… 너무너무 신나고 흥겨운데 그것보다 더 감동이 넘치는 그 무엇을 느끼게 해야 한다. 바로 성령의 임재 즉, 성령세례, 성령충만을 말이다. 꼭 성령님 어쩌구 말하면 환상을 보고 방언을 쏼라 쏼라하고 뭐 목소리에서 쇳소리가 나야 되는 것이 아니다.

성령님이 아니고서는 예수님을 주라 시인할 수도 없고 죄를 깨달을 수도 없고 믿을 수도 없다. 그러므로 그 위대하신 성령님께 순간순간 위임하고 있는 교사가 최고의 교사인 것이다. 이제 그렇게 달려가야 주중 관리가 되고 영혼들이 하나님과 동해하는 신앙의 중심을 유지하게 되는 것이다.

이스라엘에게 회개함과 죄 사함을 주시려고 그를 오른손으로 높이사 (사도행전 5:31)

그러므로 내가 너희에게 알리노니 하나님의 영으로 말하는 자는 누구든지 예수를 저주할
자라 하지 아니하고 또 성령으로 아니하고는 누구든지 예수를 주시라 할 수 없느니라
(고린도전서 12:3)

너희가 회개하여 각각 예수 그리스도의 이름으로 세례를 받고 죄사함을 받으리 그리하면
성령을 선물로 받으리니 (사도행전 2:38)

성령 하나님의 손에 잡혀 성령님께서 원하시는대로 어린이들을 살피는 것이 주중 관리
의 최고의 고수이다. 그것을 못하여 우리는 그 수많은 양떼들을 잃어버린 것이다.

(3) 놀이방으로 전락하니까

많은 교사들이 예배시간에 아이들을 끌어안고 힘들게 예배드리는 경우가 허다하
다. 마치 여기가 놀이방인가? 어린이 집이야? 착각할 정도로 어린이들에게 교사가
쩔쩔매고 그들이 원하는 것에 대하여 돈 외에 다 해 준다.

이것이 아이들의 믿음을 망가트린 원인이다. 복음다음에 놀아줌이고 복음 다음
에 엎어주기이다. 아무리 그렇게 교사의 애정을 쏟아도 예수님을 만나지 못하는
아이는 중도에 탈락되고 만다. 그 전에 성령 하나님께 위임하고 교사 스스로가
강력한 성령님의 인도로 양떼를 거듭나게 하고 은혜의 삶을 연속하게 이끌어 주

어야 한다. 이처럼 교회학교 어린이들을 효과적으로 정착하기 위해서는 교사의 역할이 정말 중요하다. 교사와 또래(학교가 같은 또래)가 함께 바나바역할을 해주어야 한다. 요나단과 다윗처럼 어려울 때 도와주고 필요를 채워주고 기도해주고 성장시키기 위한 실제 콘텐츠는 어떤 것이 있을까?

(2) 정착을 위한 세 단추

현대성우리조트 어캠에서
둘째날 밤 집회 후
교회별 기도시간의
교사 품기도

(1) 취침심방 10분

교회학교에 출석하여 나에게 맡겨진 아이는 그야말로 양이다. 양에게 필요한 것은 영적인 돌봄이다. 사탄 마귀 귀신으로부터의 보호, 7가지 죄성으로부터의 승리 등… 어리기 때문에 스스로 할 수 없는 영적인 부분을 일단 교사가 먼저 기도로

심방하자는 것이다. 기도시간은 보통 5분~10분 정도 소요된다. 기도장소는 자택, 잠자리에 들기 전이나 약 9시 이후 나만의 기도 골방에 들어가 내게 맡겨진 어린이들을 위하여 이름을 불러가며 기도하는 것이다. 그야말로 겟세마네 동산의 예수님 기도를 감히 우리 영적 교사가 된 우리가 하나님 앞에 어린 영혼을 위하여 기도하는 것이다. 정말 감동적이고 진작 이렇게 해야 했던 것이 아닌가. 그러면, 어린이들이 필요한 것들을 파악되고 어린이들을 영적으로 분석할 수 있게 된다. 교적부를 보고 그 아이의 부모님들을 위하여도 중보하고 다가오는 주일 달라지는 예배 모습, 찬양모습, 기도모습을 놓고 하나님께 믿음의 기도를 드리는 것이다. 이것이 바로 히브리서 11장 1절 기도이다.

믿음은 바라는 것들의 실상이요 보이지 않는 것들의 증거니 선진들이 이로써 증거를 얻었느니라 (히브리서 11:1)

주일아침
예배 광경

(2) 주중 믿음쑥쑥카드를 작성케 하라

① 매 주 어린이 스스로 자신의 신앙생활의 성장을 위한 카드 작성을 하게 한다. 체크된 것을 확인하고 달란트나 포스 등 보상 프로그램과 연계하여 적극적인 동기부여를 일으킨다.

② 그런 후 통계를 내어 어린이 스스로 살아계신 하나님을 확신하고 어린이도 하루 10분씩 기도하게 하고 영적인 성장을 능동적으로 얻게 한다.

③ 더 나아가 성령체험을 위해 매월 1일 캠프 혹은 분기별 캠프를 통해 신앙의 단계별 계급을 갖게 하여 지속적으로 신앙의 성장을 갖도록 돌본다.

예) 믿음쑥쑥 카드 작성하기

매일 확인해 주세요

"예수께서 습관을 따라 감람산에 가시니 제자들도 따라 갔더라"						
매일할일	월	화	수	목	금	토	기타
매일기도							
성경암송							
찬송하기							
주중교사미팅							

암송예) 창 1:1 태초에 하나님이 천지를 창조하시니라

찬송예) 나는야 주의 어린이 주의 말씀안에 자라가요
나는야 주의 어린이 주의 사랑으로 자라가요
예수님처럼 기도하고 예수님처럼 섬기며 믿음으로 자라가요
나는야 주의 어린이

기도예) **사랑의 하나님 감사합니다.**
하나님의 자녀가 되게 하신 것을 감사합니다
오늘 하루도 하나님과 동행하며 살게 해주시옵소서
예수님의 이름으로 기도합니다. 아멘

* 4개완성 ○표   2개이상 △표   * 부모님께서 꼭 확인해주세요

(3) 학교를 다녀 온 후 10분 기도부터

우리의 삶의 주체는 결국 나 자신이다. 그것이 바로 가장 행복으로 가는 우리가 지향해야 하는 삶의 걸음이다. 우리가 나를 사랑하시는 하나님을 확신할 수 있다면 우리 앞의 어떤 환경이라도 이겨낼 수 있다. 이 확신은 하나님과 대면하는 매일의 기도와 말씀에서 얻을 수 있다. 이를 위한 결단으로 10기도를 어린이스스로 결단하게 한다.

10분기도는…

학교를 다녀 온 후 곧 바로 10분 기도를 하고 학원이나 놀러 가는 걸 의미한다. 참고로 교회학교성장연구소 몸찬양단 Dance Team SB는 100% 이 10분 기도를 실천하고 있다.

어린이들은 스스로 약속하면 그 약속을 지키는 힘이 강해진다. 전화나 문자로 교사는 점검만 해 주면 되고 가끔 만날 기회가 있으면 그 때 함께 10분기도를 해도 좋은 체험이 될 것이다. 어린이는 교회 성장과 개혁, 변화의 입구에 서 있는 미래의 일꾼들이다.

교사라면 아무리 바빠도 집으로 학교로 학원으로 찾아가 대면하여 인성교육, 신앙교육에 목숨을 걸어야 한다. 이것이 아이들을 세상 속에서 건져 내는 것이 교회 안에 남게 하는 길이다. 그 사역이 우리 교사의 사명이다. 살리고 키우는 일…. 하늘의 상급이 크다. 아멘.

어린이도 축복기도를 자주자주 받아야 한다. 어캠 축도시간

축복은 어린이들에게도 필요하다. 교사가 믿음 쑥쑥 카드 점검을 하고 아이의 손을 잡고 기도해 준다.

주간 점검표

무엇을
어떻게 하며
보냈는지 한 주를
점검해 보자

내가 이번 주에 한 일을
자세히 생각해서 적어보고,
한 주 동안의 시간을 더해서 기록해 보자.

이번주한일	예상시간	우선순위	느낀점
성경읽기			
기도			
주일학교			
공부			
책읽기			
학원			
운동			
심부름			
게임			
TV			

주간 점검표 2

❤ 이번 주에 나의 신앙점검과 가장 많이 사용한 시간을 적어 보기.

		check		check		check		check	사용시간
1.신앙점검	공예배		가정예배		읽은말씀		기도		
2.공부점검	숙제		책읽기		공부		영어		
3.자유시간	운동		TV		게임		친구		

잘한 점 _____

부족한 점 _____

❤ 다음 주 목표를 정하고, 목표를 이루기 위한 실천사항들 적어보기.

다음주 목표
_____

실천사항
1.
2.
3.
4.

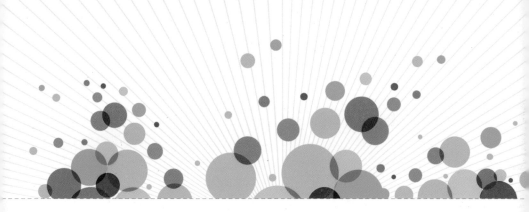

부 록 1
영적성장을 일으키는
어린이찬양 Best

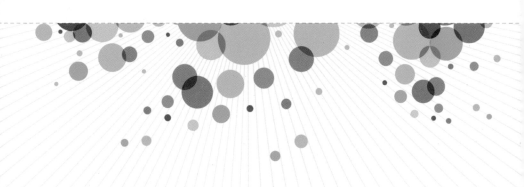

왕왕왕왕 나는 왕자다

작사 미상
작곡 미상

내게 강 같은 평화

작사 흑인영가
작곡 흑인영가

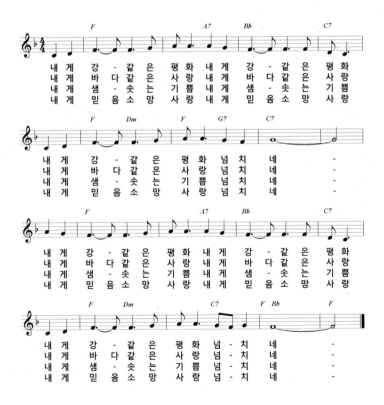

승리는 내 것일세

작사 Harry Dixon Loes
작곡 Harry Dixon Loes

*승 리 는 내 것 일 세 승 리 는 내 것 일 세

구 세 주 의 보 혈 로 써 승 리 는 내 것 일 세

내 것 일 세 승 리 만 은

구 세 주 의 보 혈 로 써 항 상 *이 기 네

*구원은	* 얻겠네
은혜는	받겠네
능력은	얻겠네

몰랐어요

작사 박연훈
작곡 박연훈

하나님 말씀은

작사 김홍영
작곡 김노아

하 나 님 말 씀 은 - 능 력 이 있 어 요 -

좌 우 에 날 이 선 - 검 과 도 - 같 아 요 -

우 리 의 심 령 을 - 찔 러 서 쪼 개 어 -

우 리 의 모 든 죄 - 회 개 케 -

하 시 는 - 도 다 -

예수님의 눈 먼 사랑

작사 차에스더
작곡 박숙연

나는 나는 장난꾸러기

작사 정소리나
작곡 이강산

나 는 나 는 장 난 꾸 러 기   나 는 나 는 욕 심 꾸 러 기

그 러 나 예 수 님 을 알 고 부 터   새 사 람 이 되 었 어 요

전 — 도 했 어 요   찬 — 송 했 어 요
예 — 뻐 졌 어 요   착 — 해 졌 어 요

기 — 도 했 어 요   구 원 받 았 어 요
사 — 랑 했 어 요   은 혜 받 았 어 요

숨쉬는 영혼

작사 박연훈
작곡 최수민

하얀 눈이 덮였던 - 산과 들에

봄이 오니 파릇파릇 - 움트는 생 명 -

우리의 생명은 너무 나 소중해 요 -

그 속에 영혼이 - 숨쉬고 있 죠 -

영원히 - 사는 것은 영혼 - 그 영혼 살리 기 위해 - 십자

가 지신 예 수님의 사랑 - 찬양합니 다

영원히 - 사는 것은 영혼 - 그 영혼 살리 기 위해 - 십자

가 지신 예 수님의 은혜 - 그 은혜를 찬양합니 다

누구든지 목마르거든

작사 권재환
작곡 권재환

(요 7:37~38)

누구든지 목마르거든 내게로와 서 마셔라
누구든지 예수믿으으면 구원을얻으리 로다
누구든지 예수믿으면 영생을얻으리 로다
누구든지 예수믿으면 기쁨을얻으 리로다

누구든지 목마르거든 내게로와서 마셔라
누구든지 예수믿으으면 구원을얻으리 로다
누구든지 예수믿으면 영생을얻으리 로다
누구든지 예수믿으면 기쁨을얻으 리로다

나를믿는 자는 - 성경에이름 과같이

그 배에서 생수의강이 흘러나리 라

생명책 내이름

작사 박연훈
작곡 박연훈

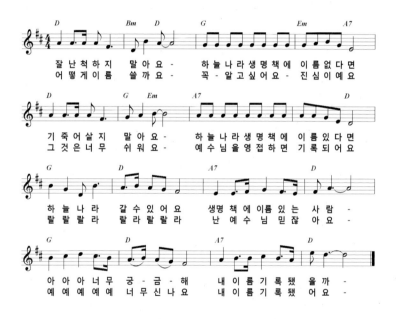

좋아요 싫어요

작사 박연훈
작곡 박연훈

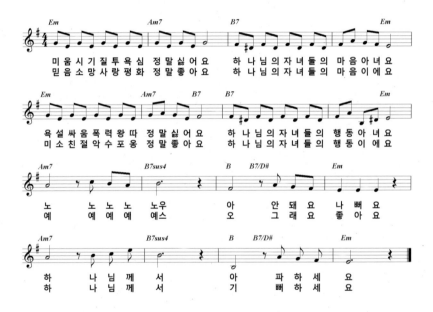

십자가에서 보이신 그 사랑

작사 박숙연
작곡 박숙연

영광의 나라

작사 라종섭
작곡 라종섭

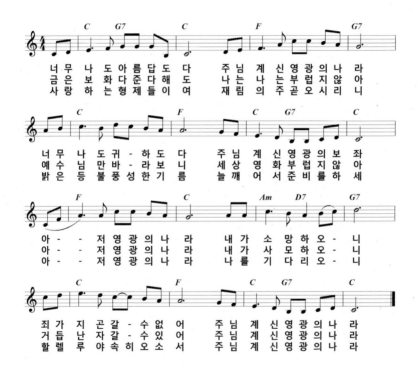

너무 나 도 아름 답 도 다　주님 계 신 영광의 나 라
금 은 보 화 다 준 다 해 도　나는 나 는 부럽 지않 아
사 랑 하 는 형제 들 이 여　재림 의 주 곧 오 시 리 니

너무 나 도 귀 - 하도 다　주님 계 신 영광 의 보 좌
예 수 님 만 바 - 라보 니　세 상 영 화 부 럽 지않 아
밝 은 등 불 풍 성 한 기 름　늘 깨 어 서 준 비 를 하 세

아 - - 저 영광의 나 라　내가 소 망 하 오 - 니
아 - - 저 영광의나 라　내가 사 모 하 오 - 니
아 - - 저 영광의나 라　나를 기 다 리 오 - 니

죄 가 지 곤 갈 - 수 없 어　주님 계 신 영광의 나 라 라
거 듭 난 자 갈 - 수 있 어　주님 계 신 영광의 나 라 라
할 렐 루 야 속 히 오소 서　주님 계 신 영광의 나 라 라

가장 급한 일

작사 박연훈
작곡 박연훈

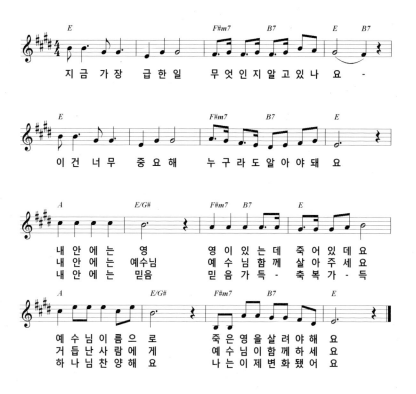

지금 가장 급한 일 무엇인지 알고 있나요 -

이건 너무 중요해 누구라도 알아야 돼요

내 안에는 영 영이 있는데 죽어 있데요
내 안에는 예수님 예수님 함께 살아주세요
내 안에는 믿음 믿음 가득 - 축복 가 - 득

예수님 이름으로 죽은 영을 살려야 해요
거듭난 사람에게 예수님이 함께하세요
하나님 찬양해요 나는 이제 변화됐어요

악보 20   233

성령님 내 안에

작사 최수민
작곡 이경희

성령충만 받고서

작사 김노아
작곡 이경희

써 주세요

작사 박연훈
작곡 김은희

어찌할꼬

작사 박연훈
작곡 박연훈

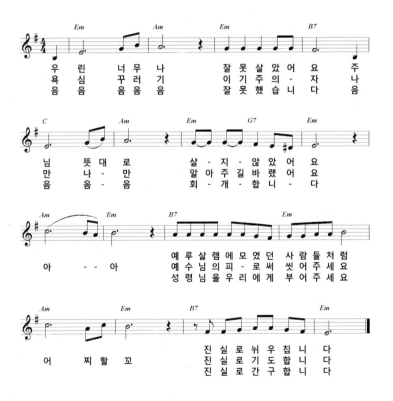

오직 성령이

작사 김노아
작곡 강명희

오직 성령이 - 너희에게 - 임하시면
- - 너희가 권능을받 - 고 일어나 - 예루
살렘과 - 유대와 - 사마리아와 - 땅끝
까지이르러 - 내증인이 되리라 -
성령이 - 내게 임했네
- 이제 난 완전히변 - 했어 - -
하나님 - 능력으로살 - 거야 -
주님을 증거할 - 거야 - - 오직

하나님 난 이제

작사 박연훈
작곡 김계화

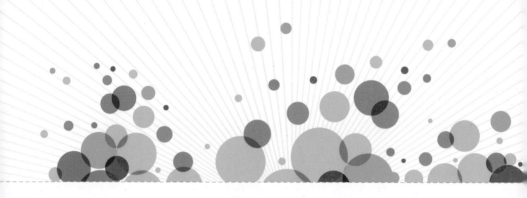

부 록 2
어린이가 좋아하는
찬양목록

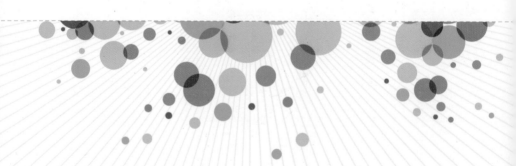

나는 아직 어리지만(박연훈)
가장 귀한 내 맘에(Harry Dixon Loes)
예수께로 가면(찬송) 565장
내 안에 사는 이(F.J. Crosby)
구약목록가(박연훈)
신약목록가(박연훈)
아름다운 마음들이 모여서
천지창조(박연훈)
하나님 난 이제(박연훈)
예수 사랑해요(Jude Del Hierro)
살아계신 성령님(Paul Aramstrong)
할렐루야 할렐루야
예수 가장 귀한 그 이름(Tom Cooms)
주님께 맡겨요(Elsie Leshe Herbert G. Tovey)
예수님 만나고 싶어요 (박연훈)
예수님의 보혈로
위대하고 강하신 주님
우리 주의 성령이
글로리아 (하스데반)
십자가 십자가 (박연훈)
예수 나를 위하여(찬송) 144장
내 영혼이 내 영혼이
예수 샤론의 꽃(Dean Romaneli)
지존하신 주님 이름 앞에(Cria A. BoWater)
호산나 호산나 (Carl Tuttle)
오 주여 나의 마음이
He's changing me
난 예수가 좋다오(김석균)

꿈쟁이(박연훈)
난 이제(박연훈, 이강산)
하나님의 자녀는 (이강산)
아담과 나(박연훈)
내 맘속에(박연훈)
JESUS
당신을 향한 노래(천태혁, 진경)
내 마음에 사랑이
예수님의 사랑 신기하고 놀라워
예수 사랑 나의 사랑
나는 예수님이 좋아요(박유나)
왕이신 나의 하나님(하스데반)
좋으신 하나님 너무나
돈으로도 못가요(임승원, 백광제)
하나님 고맙습니다(Ruth folta Snongren)
정말 좋아요(박연훈)
제가 할게요(박연훈)
다시오마 다시오매(박연훈)2,12,16
I'll do mt best (박연훈역)
하나님 우리와 함께 하시니
은혜가 풍성한 하나님은(찬송) 197장
샛별같은 두눈을(이태선, 장수철)
나는 주의 화원에(K. Park)
사랑으로 우리를 길러주시는(최영일, 김두완)

하나님의 카메라(박연훈)
아름다운 이야기가 있네(Peterson)
날마다 날마다(박연훈)
성령이여 우리 찬송 부를 때
하나님의 나라(임승원, 이성재)
네 눈이 보는 것을 조심해(H.D.L)
사랑의 하나님(찬송) 566장
예수 예수(Elsie Leslie Herbert G. Tovey)
나의 죄를 씻기는(찬송) 252장
예수님은 나의 힘(박신애)
이 날은 이 날은(Rick Shelton)
지우개로 지워 볼래요
어찌할고(박연훈)
몰랐어요(박연훈)
돌아갑니다(박연훈)
다 알아요(박연훈)
하나님을 사랑해(노진아, 강유정)
네 모든 짐을 주께
주님처럼(오성화)
금식기도(박연훈)
하나님의 약속은 아름다워요
어린이를 사랑하네
구주 예수 의지함이(찬송) 542장
하나님의 것(박연훈)
찬송과 기도(이강산)
오 우리 영혼이
와와송
마음으로(김찬양, 이보철)
감사해요(Alison Hunrley)

새 영 새 마음(박연훈)
주님만 사랑합니다
예수님 놀랍고 놀랍고(H.D.L)
나는 예수님 만났네(H.D.L)
믿음으로 예수님(박연훈)
고백과 감사의 기도(류형선)
아름다운 기도(이강산)
충만하네(W.Gardner Hunter)
주 나의 사랑
불바람 같은 성령받고(신정의 최원순)
또 저지른 죄(박연훈)
구원열차
마음에 가득한 의심을 깨치고(찬송) 257장
나는 구원의 문이니
나 같은 죄인 살리신(찬송) 405장
이 세상의 단 한분(신현정)
예수님의 보혈로 예수님의(박혜영)
믿음이란 그저(Mrs. W.B.I. Iggett)
밝게 비치라(E. O. Exell)
짜증날 때 우리 찬양해요(장영신, 차용운)
먹보다도 더 검은(찬송)423장
예수 이름 부를 때(최현수, 이보철)
결코 나는 변치 않으리
가라 가라 세상을 향해

7집(2000년) 곡명(작곡가)	8집(2001년) 곡명(작곡가)
성막을 찾아 떠나는 여행(박연훈)	놀라워라 아브라함(박연훈)
사랑합니다(박연훈)	지워봐요 지워봐요
나는 성경 읽기 좋아하구요	주님께 경배 드리세
우리는 주의 제자	우리는 세상의 빛
나의 죄를 위하여	가장 급한 일(박연훈) 8, 20
하나님 나라 생활	울어도 못하네(찬송) 544장
찾고 계세요(박연훈)	좋으신 하나님 너무도
선하신 목자 7, 10	나는 주만 사랑하리
바로 바로(박연훈)	Deep down 4,8
파란하늘 무지개(이강산)	믿음 있는 어린이
예수 이름이 온 땅에	와와송
몰아내	꼭 알아야 하지요
나의 사랑하는 책(찬송) 199장	누가 누가 많이 컸나
주 보혈 날 씻었네	널따란 잔디 밭에
저 사탄 나를 유혹할 때	이 세상에 단 한분
손 모아 기도 드려요	Happy Happy
하나님의 자녀는	주는 나를 사랑해
좋으신 하나님 3,7	누구든지 주 앞에 나오면 4,8
예수를 믿고 예수를 배워	천부여 의지 없어서(찬송) 280장
면류관(박연훈)	예수 날 사랑하사
예수님이 말씀 하시니	주 예수 사랑기쁨 내 마음 속에
Oh Happy	주 우리 아버지
예수님 찬양	He's changing me 8,11
예수님 때문에	구원(박연훈) 8, 20
주님과 함께 하면	오 이 기쁨
주의 이름 높이세	나를 사랑하는 주님
다 이유가 있지(박연훈)	나를 따라 오라고
하나님의 뜻을 따라	항상 주님 사랑하나요
오 친구여	갈 길을 밝히 보이시니 (찬송) 524장
왕의 왕 주의 주	난 이제(박연훈) 2, 8, 12

감동적인 내 인생(박연훈)
예수님은 참 좋은 분(박연훈)
주님 앞에 나와
룰루랄라
I can do
우리에게 소중한
학교 길 나서는
좋아요 싫어요(박연훈) 9,20
이 세상 살아 가는 길
너와 나는 어깨동무
주 예수의 강림이(찬송)
나의 손은 손뼉쳐서
교회학교 어린이는
갈대 상자 하나가
높이 높이
믿음으로 살아요
마음 문을 활짝 열고
두 손을 모으고
예수님은 십자가에
오늘 내가 예수님 만나면
예수 따라가면
예수님의 사랑받는
오직 오직
아무 흠도 없고(찬송) 229장

Say You!(박연훈)
다함께 인사를
하나님의 어린이
선하신 목자
주의 자비가 내려와
구원받은 사람은
주의 사랑 신기하고 놀라워
천국의 어린이
내 모든 삶의 행동 주 안에
두 손을 높이 들고서
영광 가장 높은 곳에서
넘치는 주의 사랑
자유
생명 주께 있네
진짜 멋있는 예수님
주님 한 분 만을 위하여
용서 해 주세요(박연훈)
내 진정 사모하는(찬송) 88장
변찮은 주님의 사랑과(찬송) 270장
원죄 자범죄(박연훈) 10, 12, 20
십자가를 사랑해요
주 날 지켜줘요
누구 때문에
남으로 북으로
예수 우리 왕이여

17집(2011년)
곡명(작곡가)

위대한 믿음(김노아)
예배합니다
어캠송(박연훈) 17, 18, 19
Ask&seek&knock
사무엘 3장 10절(이교원)
찬양과 기도
홍해 바다 건넌
써 주세요(박연훈)
고백송(박연훈)
예수님께 기도해
오직 성령이
이 세상에   어난 것(박연훈)
회개와 천국(박연훈)
믿어요
All can be saved(박연훈)
나의 힘이 되신 여호와여 15, 17

18집(2012년)
곡명(작곡가)

지금은 성령시대(박연훈, 김노아)
하늘 소망 담은 꿈
예수님의 눈먼 사랑
하나님께 말해요
성령 충만 받고서
하나님 난 이제 1, 11, 18
성령님 내 안에
지혜로운 어린이
노래를 잘 부르지 못해도
호산나 찬양해
내가 믿고 의지하는 분
항상 기뻐하라
어캠송 17, 18, 19

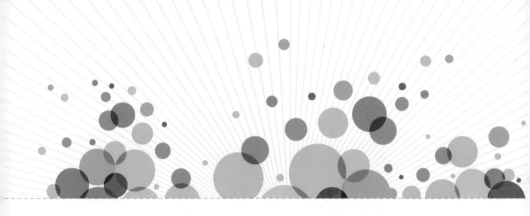

부 록 3
만화전도지

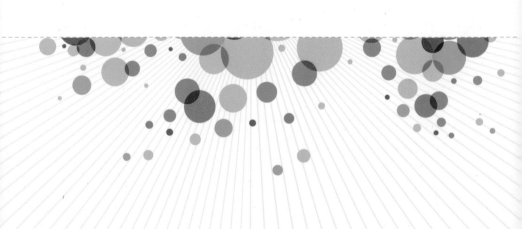

새해에는 내 뜻대로 기도하지 말고 예수님 뜻대로 기도해봐. 너희를 행복하게 만들어 주실거야.

너는 마음을 다하여 여호와를 신뢰하고 네 명철을 의지하지 말라 너는 범사에 그를 인정하라 그리하면 네 길을 지도하시리라(잠3:5~6)

여의도순복음춘천교회
YOIDO FULL GOSPEL CHUNCHEON CHURCH

춘천시 동내면 동내로 17 ☎ 033) 264-5111, 5116~7

| 예배시간은 | 주일 오전 11시 |

하나님을 섬겨요

구성.문유선
그림.김은희

십계명 제일은, 너는 나 외에는 다른 신들을 네게 두지 말라 제이는, 너를 위하여 새긴 우상을 만들지 말고 또 위로 하늘에 있는 것이나 아래로 땅에 있는 것이나 땅 아래 물 속에 있는 것의 어떤 형상도 만들지 말며 그것들에게 절하지 말며 그것들을 섬기지 말라

그런것들이 우상이 될 수 있단다

요즘 스마트폰이 대세다 공부도 할 수 있다! 게임도 할 수 있다!!

대한예수교 순천동부교회 유소년부
장 로 회
57942 전라남도 순천시 동문외2길 15(동외동) Tel.061-751-0071

학원이 먼저야 공부를 잘해야 하니까

그 다음은 컴퓨터! 공부했으니까 놀아야지~

OO아~

학원공부, 컴퓨터게임 스마트폰... 그 뒤에 예수님이 계시지 않니?

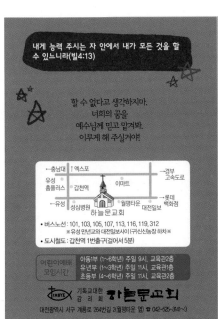

새학년에 올라갔구나!
너의 꿈이 뭐니?

구성_권오 목사
일러스트_문유선

일단, 큰 꿈을 계속 꾸세요

걱정하지 말아요 예수님을 믿으면 꿈을 이룰 수 있어요!

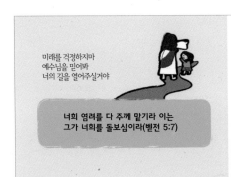

미래를 걱정하지마
예수님을 믿어봐
너의 길을 열어주실거야

너희 염려를 다 주께 맡기라 이는
그가 너희를 돌보심이라(벧전 5:7)

✝ 대한예수교
장로회 **주성교회아동부**

전남 순천시 해룡면 복성길 21
Tel 061-723-9129

아동부 예배시간 09:30~10:25
카풀신청번호 010-2373-5291

공부같은거 해서 뭐해?

구성_권오 목사
일러스트_문유선

오랜만에 외가집에 왔어.

허구헌날
인터넷이지?

밖에 나가서
친구라도
만나고 와

귀찮아...

외삼촌은 대학 졸업하고
몇년이 지났지만
아직 취직을 못하고 있어.

이모..
밥먹으래..

끼익

생각없어..

이모는 40이 된 노처녀야
미국 유학까지 갔다 왔는데
시집을 못갔어

뭐야?!

갑자기 왜 학원을
끊는다는 거야?

너 혼날래~!!

그냥
쉬고 싶어!

외삼촌과
이모를 봐봐.
공부를 짱 해도
소용없잖아

아~! 예수님을 믿으면 되는구나!

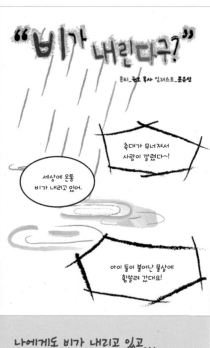

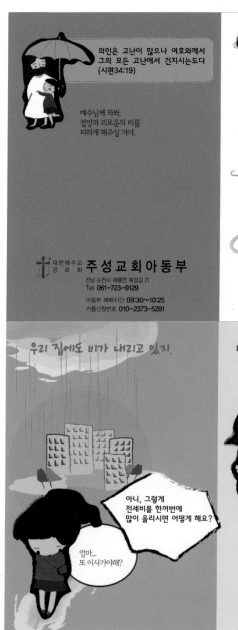

바로 성경이야!

이 말씀은 나의 고난 중의 위로라 주의 말씀이
나를 살리셨기 때문이니이다(시편 119편 50절)

✝ 대한예수교
장 로 회 **주성교회아동부**

전남 순천시 해룡면 복성길 21
Tel 061-723-9129

아동부 예배시간 09:30~10:25
카톡신청번호 010-2373-5291

이 책을 어떤 친구는 읽으며 어려운 환경을
극복하고 훌륭한 사람이 되었어.

내가 너희를 고아같이 내버려 두지 아니하고
너희에게로 오리라(요한복음 14장 18절)

진구가 되어주시는
예수님
구성_권오 목사 일러스트_문유선

우리교회에
어서와!
사랑해!

우리 구주이신 예수님께서
너를 외로움에서
구해주실꺼야

대한예수교
장로회 주성교회아동부
전남 순천시 해룡면 복성길 21
Tel 061-723-9129
아동부 예배시간 09:30~10:25
카툰신청번호 010-2373-5291

친구들과 함께 있을 때
신나고 즐거워

밤은 깊었지.
친구들은 다
집으로 돌아가고
홀로 남았어

살다보면 홀로 있는 눈사람과 같이
외롭고 쓸쓸할 때가 있을거야
그 때 예수님을 불러봐
늘 곁에 있는 친구가 되어 주실꺼야!

예수님을 믿으면...

구성_권오 목사
일러스트 문유선

평강의 주께서 친히 때마다 일마다 너희에게
평강을 주시고 주께서 너희 모든 사람과
함께 하시기를 원하노라 (데살로니가후서 3장 16절)

대한예수교
장로회 **주 성 교 회 아 동 부**

전남 순천시 해룡면 복성길 건
Tel 061-723-9129

아동부 예배시간 09:30~10:25
카톡신청번호 010-2373-5291

자녀들아, 우리가 말과 혀로만 사랑하지 말고 오직
행함과 진실함으로 하자
                                    요한일서 3:18

하나님 앞에 항상
기도해야해
왜? 나라를 위해!

그런즉 너희는 먼저 그의 나라와 그의 의를 구하라
그리하면 이 모든 것을 너희에게 더하시리라
마태복음 6장 33절

마음이 아파.
기도해야돼.

찌 지 직

저거 내가
아끼는 옷인데
찢어졌어~!

엉엉

GAME
OVER

"OH MY GOD!!!"

아!! 우리팀
갈라졌어!!

내가 사랑하는 이 나라가
합쳐져서 예뻐하면 좋을텐데..

North Korea

South korea

세계에서 남,북으로 갈라져 있는 나라는
대한민국 뿐이야. 하나님께서는 우리 나라를
너무나 사랑하셔서 우리를 보며 마음 아파하신데

성경을 읽어봐.
네게 한없는
기쁨과 만족감을 줄꺼야

내가 주의 말씀을 얻어 먹었사오니 주의
말씀은 내게 기쁨과 내 마음의 즐거움이라
예레미야 15장 16절

세상에서 제일 맛있고 재미있는 것은?

빵집에는 맛있는 케이크이 얼마나
많이 있는지 몰라

아아~~ 이맛 감동이야!!

TV에는 재미있는
만화로 가득해!

보로로

짱구는 못말려

아기공룡 둘리

베이 블레이드

라라의 스타일기

와하하하
정말 재있다!!

학교 안가고
매날 만화만 봤음
좋겠어

얘들아
케이크보다 더 맛있고
만화보다 더
재미있는 게
있어

설마...

그게 뭔데?

거짓말!!

들어보자.
쟤는
정직한 애야

예수님께 맡겨봐
너와 네 가정의 문제를
해결해 주실꺼야

두려워하지 말라 내가 너와 함께
함이라 놀라지 말라 나는 네 하나님이
됨이라 내가 너를 굳세게 하리라
참으로 너를 도와 주리라 참으로 나의
의로운 오른손으로 너를 붙들리라
이사야 41장 10절

힘내!
이대로
무너질 수 없잖아!

구성_권오 목사
일러스트_문유선

엄마, 아빠가
맨날 싸워서
가출하고 싶어

너 이 성적으로
서울대 갈 수
있겠니?

너는 무조건 의사니
판사가 되어야 한다.
날 실망시키지 말거라.

부모님을 실망시키고
싶진 않지만

난 화가가 되고 싶은데..
죽고 싶어!

으앙

아빠가 술은 안마시고
놀만 드시다가
엄마가 집을 나갔어.
우리집 어떡해?

우아!!

그래 그래

감사의 예물을 드리면 더 많은 것으로 채워 주실거야!!

감사로 하나님께 제사를 드리며 지존하신 이에게
네 서원을 갚으며 환난날에 나를 부르라
네가 나를 건지리니 네가 나를 영화롭게 하리라
(시편 50:14~15)

Thanksgiving Day

구성_권오 목사
그림_류유선
김은희

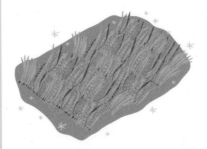

일년 농사의 곡식을 거두는 추수...

잘 먹겠습니다!!!

헤헤

곡식들아 잘 자라렴~

와아~
좋은 열매들이
맺혔어!

주님 감사해요

근데
감사는
말로만 하는게 아냐.
한 해를
풍성한 열매로
잘 마무리하게
도와 주신 하나님께
예물을 드리는 것이
추수감사절 이야!

론티_권오 목사 일러스트_문유선

기쁘다 구주 오셨네